世界武器鉴赏系列

U0274982

早期经典战机

鉴赏指南 （珍藏版）

（第2版）

《深度军事》编委会 编著

清华大学出版社

北京

内 容 简 介

　　本书在第1版的基础上新增了多款早期著名的战机，精心选取了从第一次世界大战到20世纪90年代初期的300余款战机，包括战斗机、攻击机、轰炸机和勤务飞机（运输机、侦察机、预警机、空中加油机、电子作战飞机、反潜巡逻机和教练机）等机种。除此之外，本书紧扣军事专业知识，书中每款战机都配有高清大图及三视图，另有详细的参数表格，不仅带领读者熟悉武器历史，而且帮助读者了解武器的作战性能，特别适合用作广大军事爱好者的参考资料和青少年朋友的入门级读物。全书共分为5章，涉及内容全面合理，通俗易懂。

　　本书内容结构严谨、分析讲解透彻，而且图片精美丰富，适合广大军事爱好者阅读和收藏，也可以用作青少年的军事科普读物。

图书在版编目(CIP)数据

　　早期经典战机鉴赏指南：珍藏版/《深度军事》编委会编著. —2版. —北京：清华大学出版社，2017（2023.11重印）
　　（世界武器鉴赏系列）
　　ISBN 978-7-302-45174-7

　　Ⅰ. ①早… Ⅱ. ①深… Ⅲ. ①歼击机—世界—指南 Ⅳ. ①E926.31-62

　　中国版本图书馆CIP数据核字(2016)第234060号

责任编辑：李玉萍
封面设计：郑国强
责任校对：张术强
责任印制：沈　露
出版发行：清华大学出版社
　　　　　网　　　址：https://www.tup.com.cn，https://www.wqxuetang.com
　　　　　地　　　址：北京清华大学学研大厦A座　　邮　　编：100084
　　　　　社 总 机：010-83470000　　　　　　　　邮　　购：010-62786544
　　　　　投稿与读者服务：010-62776969，c-service@tup.tsinghua.edu.cn
　　　　　质量反馈：010-62772015，zhiliang@tup.tsinghua.edu.cn
印 装 者：河北华商印刷有限公司
经　　销：全国新华书店
开　　本：146mm×210mm　　　　　　　　印　　张：10.75
版　　次：2014年6月第1版　2017年1月第2版　印　　次：2023年11月第5次印刷
定　　价：49.80元

产品编号：070593-01

丛书序
FOREWORD

　　国无防不立，民无防不安。一个国家、一个民族，最重要的两件大事就是发展和安全。国防是人类社会发展与安全需要的产物，是关系到国家和民族生死存亡的根本大计。军事图书作为学习军事知识、了解世界各国军事实力的绝佳途径，对提高国民的国防观念，加强青少年的军事素养有着重要意义。

　　与其他军事强国相比，我国的军事图书在写作和制作水平上还存在许多不足。以全球权威军事刊物《简氏防务周刊》（英国）为例，其信息分析在西方媒体和政府中一直被视为权威，其数据库被各国政府和情报机构广泛购买。而由于种种原因，我国的军事图书在专业性、全面性和影响力等方面还明显不足。

　　为了给军事爱好者提供一套全面而专业的武器参考资料，并为广大青少年提供一套有趣、易懂的军事入门级读物，我们精心推出了"世界武器鉴赏系列"图书，其内容涵盖现代飞机、现代战机、早期战机、现代舰船、单兵武器、特战装备、世界名枪、世界手枪、美国海军武器、二战尖端武器、坦克与装甲车等。

　　本系列图书由国内资深军事研究团队编写，力求内容的全面性、专业性和趣味性。我们在吸收国外同类图书优点的同时，还加入了一些独特的表现手法，努力做到化繁为简、图文并茂，以符合国内读者的阅读习惯。

本系列图书内容丰富、结构合理，在带领读者熟悉武器历史的同时，还可以提纲挈领地了解各种武器的作战性能。在武器的相关参数上，我们参考了武器制造商官方网站的公开数据，以及国外的权威军事文档，做到有理有据。每本图书都有大量的精美图片，配合别出心裁的排版，具有较高的观赏性和收藏价值。

　　自从飞机发明以后，它便日益成为现代文明不可缺少的运载工具，深刻地改变和影响着人类的生活。然而，几乎没有哪个行业能像军事部门那样将飞机的用途发挥到极致。

　　1911 年爆发的"意土战争"中，意大利航空队在黎波里的成功，初步显示了飞机的威力，预示了现代战争的战略、战术将发生革命性变化，从而引起世界各国军方的瞩目和效仿，并极大地促进了军事航空业的发展。到了第一次世界大战时期，用于空战的战斗机、突击地面目标的轰炸机和支援部队作战的攻击机，以及用于侦察的飞机都出现了。

　　在第二次世界大战期间，现代军事航空业开始生根发芽，并呈现出一派繁荣之势。在此期间，军用飞机进入了一个佳作辈出的大发展时代。随着战争的不断推进，交战双方涌现出一大批经典名机。第二次世界大战结束，"冷战"开始，在长达 50 年的时间里，各国的战斗机发生了很大的改观。喷气发动机的应用改进了飞行特性，机载雷达的应用使飞行的视野大大提高，导弹的出现改变了战斗的方式，电子设备的使用使战斗变得扑朔迷离。

　　本书在第 1 版的基础上新增了多款早期著名战机，精心选取了从第一次世界大战到 20 世纪 90 年代初期的 300 余款经典战机，包括战斗机、攻击机、轰炸机和勤务飞机(运输机、侦察机、预警机、空中加油机、电子作战飞机、反潜巡逻机和教练机)等机种。除此之外,本书紧扣军事专业知识,书中每款战机都配有高清大图及三视图,另有详细的参数表格,不仅带领读者熟悉武器历史,而且可以帮助读者了解武器的作战性能,特别适合作为广大军事爱好者的参考资料和青少年朋友的入门级读物。全书共分为5章,涉及内容全面合理,通俗易懂。

本书由《深度军事》编委会创作,参与本书编写的人员还有黄成、阳晓瑜、陈利华、高丽秋、龚川、何海涛、贺强、胡姝婷、黄启华、黎安芝、黎琪、黎绍文、卢刚、罗于华等。

在本书的编写过程中,我们在内容上进行了去伪存真的甄别,让内容更加符合客观事实,同时全书内容经过多位军事专家严格的筛选和审校,力求尽可能准确与客观,便于读者阅读参考。由于编者经验有限,书中难免有疏漏和不足之处,恳请专家和读者不吝赐教。

目录
CONTENTS

第 1 章
早期战机漫谈

　　飞机最初主要用于侦察任务，偶尔也用于轰炸地面目标和攻击空中敌机。第一次世界大战（以下简称"一战"）期间，出现了专门为执行某种任务而研制的军用飞机。此后，战机的种类不断丰富，性能也不断提升。

早期战机发展史

　　飞机出现后的最初几年，基本上是一种娱乐的工具，主要用于竞赛和表演。但当"一战"爆发后，这个"会飞的机器"逐渐被派上了用场。1909 年，美国陆军航空队 (以下简称"美国陆航") 装备了第一架军用飞机，机上装有 1 台 22 千瓦的发动机，最大速度为 68 千米 / 时。同年制成 1 架双座莱特 A 型飞机，用于训练飞行员。

　　"一战"初期，军用飞机主要负责侦察、运输、校正火炮等辅助任务。当"一战"转入阵地战以后，交战双方的侦察机开始频繁活动起来。为了有效地阻止敌方侦察机执行任务，各国开始研制适用于空战的飞机。

　　世界上公认的第一种战斗机是法国的莫拉纳·索尔尼埃 L 型飞机。它由于装备了法国飞行员罗朗·加罗斯发明的"偏转片系统"，解决了一直以来存在的机枪子弹被螺旋桨干扰的难题。

　　随后，德国研制出更加先进的"射击同步协调器"并安装在"福克"战机上，使其成为当时最强大的战斗机。"福克"战机的出现，从根本上改变了空战的方式，提高了飞机空战的能力，从此确立了战斗机武器的典型布置形式。

"一战"中的德国福克 D．Ⅶ战斗机

　　随着空战的日趋激烈，战斗机作为军用飞机家族中的一个新成员，从此走上了"机动、信息、火力三者并重"的发展轨迹，在速度、高度和火力等方面不断改进。"一战"结束时，战斗机的最大飞行速度已达到 200 千米 / 时，升限高度达 6 千米，重量接近 1000 千克，发动机功率为 169 千瓦，大多配备 7.62 毫米的机枪。总体来说，飞机在"一战"中的地位是从被忽视到不被重视，再到被重视，其地位的不断改变也为以后战争方式的改变奠定了基础。

　　第二次世界大战 (以下简称"二战") 中，飞机开始成为战争的主角。由于在"一战"中后期飞机的战略作用被各个国家所认识，到"二战"开始时，军用飞机已经得到了很好的发展，各种不同作战用途的战机也应运而生，如攻击机、截击机、战斗轰炸机、俯冲轰炸机、鱼雷轰炸机等。

由于"二战"期间各种舰船（包括航空母舰）得到了大范围的使用，这也使得各种舰载机在战斗中具有巨大的发挥空间，往往是各种海战的主导者。飞机性能方面，"二战"期间战斗机的最大速度已达 700 千米 / 时，飞行高度达 11 千米，重量达 6000 千克，所用活塞式航空发动机功率接近 1470 千瓦。瞄准系统已有能作前置量计算的陀螺光学瞄准具。"二战"末期，德国开始使用 Me 262 喷气式战斗机，最大飞行速度达 960 千米 / 时。"二战"后，喷气式战斗机普遍代替了活塞式战斗机，飞行速度和高度迅速提高。

20 世纪 50 年代初，首次出现了喷气式战斗机空战的场面。苏联制造的米格 –15 "柴捆"（Fagot）战斗机和美国制造的 F–86 "佩刀"（Sabre）战斗机都采用后掠后翼布局，飞行速度都接近音速（1100 千米 / 时），飞行高度达 15000 米。

美国第一代喷气式战斗机 F–86 "佩刀"（Sabre）

机载武器已发展到 20 毫米以上的机炮，瞄准系统装有雷达测距器。带加力燃烧室外的涡轮喷气发动机便于改善飞机外形，战斗机的速度很快突破了音障。20 世纪 60 年代以后，战斗机的最大速度已超过两倍音速，配备武器已从机炮、火箭发展为空对空导弹。

20 世纪 60 年代中期，以苏联米格 –25 和美国 YF–12 为代表的战斗机的速度超过三倍音速，作战高度约 23000 米，重量超过 30 吨。

　　但是20世纪60年代后期越南战争、印巴战争和中东战争的实践表明，超音速战斗机制空战大多是在中、低空，以接近音速的速度进行的。空战要求飞机具有良好的机动性，即转弯、加速、减速和爬升性能。装备的武器则是机炮和导弹并重。因此，此后新设计的战斗机不再追求很高的飞行速度和高度，而是着眼于改进飞机的中、低空机动能力，完善机载电子设备、武器和火力控制系统。

固定翼战机分类

战斗机

　　战斗机又称歼击机，"二战"前曾广泛称为驱逐机。战斗机具有火力强、速度快、机动性好等特点，主要任务是与敌方战斗机进行空战，夺取空中优势（制空权），其次是拦截敌方轰炸机、攻击机和巡航导弹，还可携带一定数量的对地攻击武器，执行对地攻击任务。

　　战斗机还包括要地防空用的截击机。但自20世纪60年代以后，由于雷达、电子设备和武器系统的完善，专用截击机的任务已由歼击机完成，截击机不再发展。

苏 35 战斗机

攻击机

攻击机又称强击机，具有良好的低空操纵性、稳定性和搜索地面小目标的能力，可配备种类较多的对地攻击武器。为提高生存力，一般在其要害部位有装甲防护。攻击机主要用于从低空、超低空突击敌战术或浅近战役纵深内的目标，直接支援地面部队作战。

轰炸机

轰炸机主要用于从空中对地面或水上、水下目标进行轰炸，有装置炸弹、导弹等的专门设备和防御性的射击武器。轰炸机具有突击力强、航程远、载弹量大等特点，是航空兵实施空中突击的主要机种。

机载武器有各种炸弹、航弹、空对地导弹、巡航导弹、鱼雷、航空机关炮等。轰炸机按起飞重量、载弹量和航程的不同大致分为轻型、中型、重型三类。

战斗轰炸机

战斗轰炸机是一种兼有战斗机与轻型轰炸机特点的作战飞机，主要用于突击敌战役战术纵深内的地面、水面目标。战斗轰炸机能携带普通炸弹、制导航空炸弹、反坦克子母弹和战术空对地导弹，有的能携带核弹，它还可携带空对空导弹用以自卫。外挂武器使用后，可用于空战。

尽管战斗轰炸机优点众多，但是它的载弹量要比轰炸机低一些，作战效能要差一些，因此不能完全取代轰炸机。

皇家澳洲空军的一架 F-111 战斗轰炸机

勤务飞机

　　勤务飞机是为战斗机、攻击机、轰炸机等作战飞机提供各种技术支援的飞机，包括运输机、空中加油机、侦察机、预警机、电子对抗飞机、反潜巡逻机和教练机等。

　　运输机是用于运输兵员、武器装备和其他军用物资的飞机；空中加油机是专门给飞行中的飞机或直升机补加燃料的飞机；侦察机是专门用于从空中获得情报的军用飞机；预警机适用于搜索、监视空中或海上目标；电子作战飞机是实施电子侦察、电子干扰或攻击的作战飞机的总称；教练机是专门用于训练飞行员的飞机；反潜巡逻机是主要用于海上巡逻和反潜的海军飞机。

第 2 章
战斗机

　　战斗机的主要任务是与敌方战斗机进行空战，夺取空中优势（制空权），其次是拦截敌方轰炸机、攻击机和巡航导弹，还可携带一定数量的对地攻击武器，执行对地攻击任务。战斗机还包括要地防空用的截击机。本章主要介绍从"一战"到"冷战"结束前的战斗机。

美国 P-12/F4B 战斗机

P-12(美国陆航编号)/F4B(美国海军编号) 战斗机是波音公司于 1929 年自行投资设计的战斗机，公司编号为波音 100。

该机最大的特点是采用比前几种型号小而轻的机身，加上普惠公司最新的"黄蜂"星型发动机，速度比当时的其他波音军用飞机更快。美国海军订购了 27 架 F4B-1，1931 年又追加 46 架换装涡轮增压发动机并加装发动机整流罩、弗利兹副翼和尾轮的 F4B-2，21 架换装轻合金硬壳式机身的 F4B-3，92 架加大安定翼的 F2B-4。P-12 和 F4B 只是细节上略有区别。

基本参数	
机身长度	6.19 米
机身高度	2.74 米
翼展	9.14 米
乘员	1 人
最大起飞重量	1220 千克
最大航程	917 千米
最大速度	304 千米 / 时
最大升限	8020 米

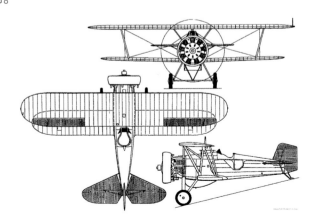

美国 P-26 "玩具枪" (Peashooter) 战斗机

P-26 "玩具枪" 战斗机是美国陆航所使用的第一种单翼战斗机。

P-26 采用低单翼，但在机翼的上、下方仍有与机身连接的支撑钢线，以维持机翼的结构与刚性。这样的结构虽然能避免机翼结构在飞行时的扭曲，然而外露的钢线仍会产生多余的阻力，在结构强度不够的情况下算是一种折中的设计，但是稍后的单翼战斗机都取消了这种设计。P-26 "玩具枪" 战斗机在机鼻两侧各安装 1 挺 7.62 毫米机枪，机翼与机身可携带炸弹。

基本参数	
机身长度	7.18 米
机身高度	3.04 米
翼展	8.5 米
乘员	1 人
空重	996 千克
最大起飞重量	1524 千克
最大航程	1020 千米
最大速度	377 千米 / 时
最大升限	8350 米

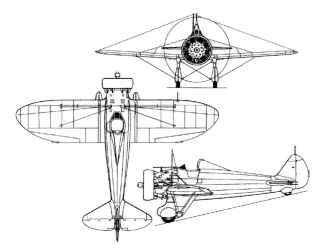

美国 P-38 "闪电" (Lightning) 战斗机

P-38 "闪电"战斗机是美国洛克希德公司（现洛克希德·马丁公司）研制的第一种军用飞机，在"二战"中广泛应用于太平洋战争。

P-38 "闪电"战斗机拥有许多第一的纪录，包括：美国陆航第一种双发动机战斗机、美国第一种采用艾里逊 V-1710 发动机的战斗机、第一款采用前三点起落架设计的战斗机、第一种在机体外壳上应用平头对接铆钉的美国飞机、第一种大量使用不锈钢材料的飞机、第一种在设计阶段就使用泪滴状座舱罩的战斗机、美国第一种飞行速度超过 640 千米 / 时的

基本参数	
机身长度	11.53 米
机身高度	3 米
翼展	15.85 米
乘员	1 人
空重	5800 千克
最大起飞重量	9798 千克
最大航程	1770 千米
最大速度	667 千米 / 时
实用升限	13400 米

双发战斗机、击落日本飞机最多的美国陆航战斗机 (1800 多架) 等。

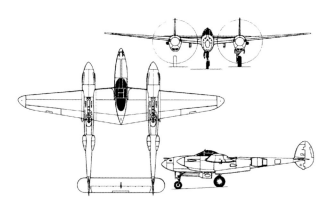

美国 P-39 "空中眼镜蛇"(Airacobra)战斗机

P-39 "空中眼镜蛇"战斗机是美国贝尔飞机公司设计的战斗机,在"二战"期间表现活跃。

P-39 "空中眼镜蛇"战斗机的发动机位于机身的中央,飞行员的后方。前方的螺旋桨通过一条很长的驱动轴由发动机驱动。这种设计最大的优点就是将整架飞机重量最大的部分放置在飞机重心的位置上,使得飞机的运动性能得以提升。有别于当时战斗机广泛运用后三点起落架,P-39 "空中眼镜蛇"战斗机采用了前三点起落架。

基本参数	
机身长度	9.2 米
机身高度	3.8 米
翼展	10.4 米
乘员	1 人
空重	2425 千克
最大起飞重量	3800 千克
最大航程	840 千米
最大速度	605 千米 / 时
最大升限	10700 米

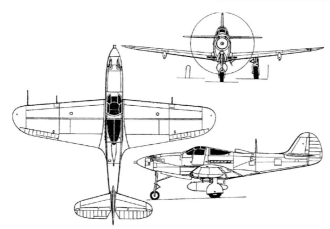

美国 P-47 "雷霆"（Thunderbolt）战斗机

P-47 "雷霆" 战斗机由美国共和飞机公司制造，于 1942 年服役，是当时最大的单引擎战斗机。

P-47 "雷霆" 战斗机的设计理念是马力大、火力强、装甲厚，为此它装上了功率达到 1890 千瓦的普惠 R-2800 双黄蜂发动机，发动机排气还会带动机身上的涡轮增压器以保证即使在高空，发动机仍拥有巨大输出。P-47 "雷霆" 战斗机在俯冲时能达到极快的速度，且强韧的结构也能保证机身不解体，这令它擅长采取高速俯冲的战术。该机左、右机翼各有 4 挺 12.7 毫米勃朗宁 M2 重机枪，能在俯冲攻击时提供强劲的火力。

基本参数	
机身长度	11.02 米
机身高度	4.44 米
翼展	12.44 米
乘员	1 人
空重	4536 千克
最大起飞重量	8800 千克
最大航程	2736 千米
最大速度	689 千米 / 时
最大升限	12180 米

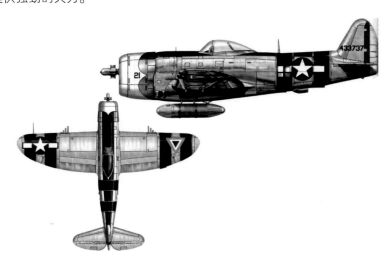

美国 P-51 "野马"（Mustang）战斗机

P-51 "野马"战斗机由北美航空公司研制，被认为是"二战"时综合性能最出色的主力战斗机。

P-51 "野马"战斗机在布局上没有特别之处，但它将航空新技术高度完美地集于一身，采用先进的层流翼型，高度简洁的机身设计，合理的机内设备布局，这使它的气动阻力大大下降，并且在尺寸和重量与同类飞机相当的情况下，载油量增加了 3 倍。由此，P-51 的航程达到 2755 千米，足以掩护 B-17 轰炸机进行最远距离的攻击。

基本参数	
机身长度	9.83 米
机身高度	4.17 米
翼展	11.29 米
乘员	1 人
空重	3232 千克
最大起飞重量	5262 千克
最大航程	2755 千米
最大速度	703 千米 / 时
最大升限	12696 米

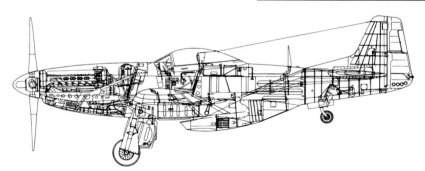

美国 P-61 "黑寡妇"（Black Widow）战斗机

　　P-61 "黑寡妇"战斗机是美国诺斯洛普公司在"二战"期间生产的双发夜间战斗机。

　　P-61 "黑寡妇"战斗机是美国陆航唯一一架专门设计作为夜间战斗机的飞机，也是陆航在"二战"时期起飞重量最大的战斗机。P-61 "黑寡妇"战斗机在机身下突出部分装有 4 门 20 毫米机炮，共带 600 发炮弹。顶部遥控操纵炮塔内装有 4 挺 12.7 毫米机枪，共带 1600 发子弹。由于设计复杂且计划耗费了相当长的时间，P-61 服役时间较晚，在"二战"中没有太多发挥的余地。

基本参数	
机身长度	14.9 米
机身高度	4.47 米
翼展	20.2 米
乘员	2 ~ 3 人
空重	9510 千克
最大起飞重量	14700 千克
最大航程	3060 千米
最大速度	594 千米 / 时
实用升限	10100 米

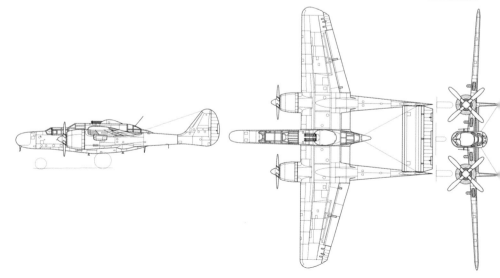

美国 F2A "水牛"（Buffalo）战斗机

　　F2A "水牛" 战斗机是太平洋战争爆发前美国海军装备的两种主力舰载战斗机之一。

　　F2A "水牛" 战斗机采用中单翼设计，机身呈圆桶状，全金属半硬壳结构。可伸缩起落架收起时缩入机身两侧，位于机翼前方的位置。该机使用一具怀特公司 R-1820-22 旋风气冷式发动机与一级机械增压器，输出功率从早期型 699 千瓦到后期提升为 883 千瓦。F2A 的机载武器为 4 挺 12.7 毫米航空机枪，另外可以在机翼下携带 2 枚 45 千克炸弹。

基本参数	
机身长度	8.03 米
机身高度	3.66 米
翼展	10.67 米
乘员	1 人
空重	2146 千克
最大起飞重量	3247 千克
最大航程	1553 千米
最大速度	517 千米 / 时
最大升限	10119 米

美国 F3F "飞行木桶 Ⅱ" (Flying Barrel Ⅱ) 战斗机

F3F "飞行木桶 Ⅱ" 战斗机由美国格鲁曼公司研制，是美国海军航母上的最后一种双翼飞机。

F3F "飞行木桶 Ⅱ" 战斗机由格鲁曼 F2F "飞行木桶" 战斗机改进而来，加长了机身，增大了翼展并采用功率更大的普惠发动机 (F2F-1) 或者怀特 "龙卷风" 发动机 (F2F-2/3)。该机曾在 "约克城" 号、"萨拉托加" 号、"游骑兵" 号和 "企业" 号 4 艘航母上短暂服役，充分证明了格鲁曼公司设计的战斗机坚固耐用，机动灵活。

基本参数	
机身长度	7.06 米
机身高度	2.84 米
翼展	9.75 米
乘员	1 人
空重	1490 千克
最大起飞重量	2175 千克
最大航程	1600 千米
最大速度	425 千米 / 时
最大升限	10120 米

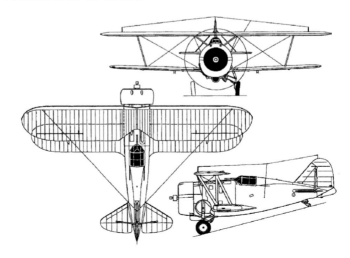

美国 F4F "野猫"(Wild Cat) 战斗机

　　F4F "野猫" 战斗机由美国格鲁曼公司研制，是美国海军在 "二战" 爆发时最主要的舰载战斗机。

　　F4F "野猫" 战斗机机身为全金属半硬壳结构，起落架以人力操作的方式收起于机身两侧，飞行员座舱为密闭式。美国海军使用的"野猫" 战斗机采用普惠 R–1830 系列发动机，除了 F4F–3A 采用一级两速增压器以外，其余都是两级两速。F4F–3 在机翼上装有 4 挺 12.7 毫米机枪，F4F–4 以后与 FM–1/2 增加为 6 挺同样口径的机枪。

基本参数	
机身长度	8.76 米
机身高度	2.81 米
翼展	11.58 米
乘员	1 人
空重	2612 千克
最大起飞重量	3604 千克
最大航程	1239 千米
最大速度	533 千米 / 时
最大升限	12010 米

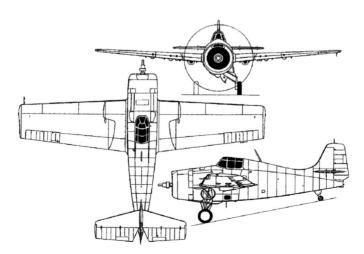

美国 F4U "海盗" (Corsair) 战斗机

　　F4U "海盗"战斗机是美国沃特飞机公司研发的舰载战斗机，除空战外，也担当战术轰炸机的角色。

　　F4U "海盗"战斗机加速性能好，火力强大，爬升快，坚固耐用，是美国第一种飞行速度超过 200 千米/时的战斗机，也是速度最快的活塞式战斗机之一。F4U 在许多方面都与当时的飞机有很大差别，其机翼采用了倒海鸥翼的布局，动力装置为当时功率最大的活塞发动机——普惠 R-2800，功率达到 1471 千瓦，而同时期的其他军机多数只有 735 千瓦。

基本参数	
机身长度	10.2 米
机身高度	4.50 米
翼展	12.5 米
乘员	1 人
空重	4174 千克
最大起飞重量	6653 千克
最大航程	1617 千米
最大速度	718 千米/时
最大升限	12649 米

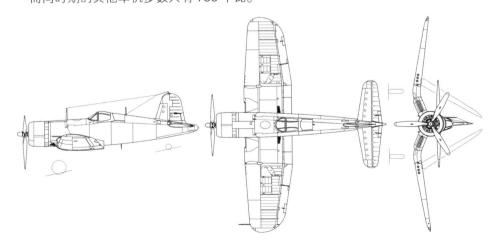

美国 F6F "地狱猫"（Hellcat）战斗机

　　F6F "地狱猫"战斗机由美国格鲁曼公司研发，在"二战"中后期是美国海军舰载机的主力机型。

　　F6F "地狱猫"战斗机在内部结构与装备上，比起旧式"野猫"战斗机更加先进，但外观上因为机体更大，基本轮廓一致，故也被戏称为"野猫的大哥"。F6F 的基本武器是 6 挺勃朗宁 M2 重机枪。后来的改装令 F6F 能够挂载 907 千克炸弹，或者携带 568 升的附加油箱。机翼也可装上 6 枚 166 毫米火箭，攻击地面目标。"二战"中，F6F 对日军战机的击落比率高达 19 ：1。

基本参数	
机身长度	10.24 米
机身高度	3.99 米
翼展	13.06 米
乘员	1 人
空重	4190 千克
最大起飞重量	6990 千克
最大航程	2460 千米
最大速度	610 千米 / 时
最大升限	11370 米

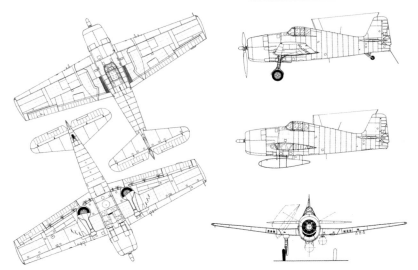

美国 F7F "虎猫"（Tigercat）战斗轰炸机

F7F "虎猫"战斗轰炸机由美国格鲁曼公司研制，因临近"二战"结束，故产量很少。

F7F "虎猫"战斗轰炸机原本是为 45000 吨的"中途岛"级航母而设计的。该机采用全金属悬臂结构，拥有较强的火力：4 门 20 毫米口径机炮、4 挺 12.7 毫米口径机枪，还能携带 455 千克的炸弹或者 1 枚鱼雷。最早的 XF7F-1 采用的是 2 台 1565 千瓦的活塞式发动机，安装在机翼下方的发动机舱内。

基本参数	
机身长度	13.8 米
机身高度	5.1 米
翼展	15.7 米
乘员	2 人
最大起飞重量	11670 千克
最大航程	1900 千米
最大速度	740 千米 / 时
最大升限	12300 米

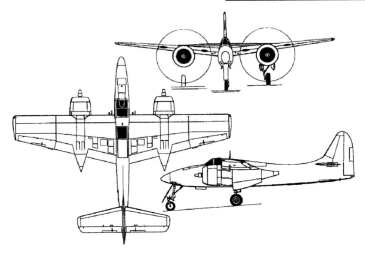

美国 F7U "短弯刀"(Cutlass) 战斗机

　　F7U "短弯刀" 战斗机舰载战斗机由沃特飞机公司研制，外形被认为不太美观，因此有"蝙蝠侠""大标枪"等绰号。

　　F7U "短弯刀" 战斗机在美国航空史上创造了四个第一：第一种投产的无平尾后掠翼战斗机；第一种实现超音速飞行的海军飞机；第一种可在高亚音速状态时投弹，载弹量超过2.2吨的飞机；第一种同时采用带加力燃烧室的发动机、动力自动控制系统、飞机自动稳定系统等新技术的喷气式战机。

基本参数	
机身长度	12.59 米
机身高度	4.27 米
翼展	12.1 米
乘员	1 人
空重	8260 千克
最大起飞重量	14353 千克
最大航程	1482 千米
最大速度	1122 千米 / 时
最大升限	12375 米

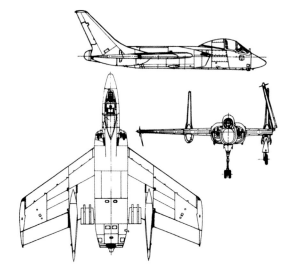

美国 F8F "熊猫"（Bearcat）战斗机

　　F8F "熊猫"战斗机是美国格鲁曼公司生产的最后一种活塞式舰载战斗机。

　　与其他在"二战"中研制却没有来得及参战的战斗机一样，F8F "熊猫"战斗机也是通过航空展和飞行竞赛获得知名度的。F8F 非常擅于特技飞行，加速能力尤为突出，从静止到 3048 米高度的爬升速度纪录保持了多年，甚至比一些喷气式飞机还快。F8F 最初计划装备 4 挺 12.7 毫米机枪，"二战"后改装为 4 门 20 毫米速射机炮，格鲁曼公司重新设计了其机翼结构，使每侧机翼能容纳 2 门航炮及 410 发炮弹。

基本参数	
机身长度	8.61 米
机身高度	4.21 米
翼展	10.92 米
乘员	1 人
空重	3207 千克
最大起飞重量	5873 千克
最大航程	1178 千米
最大速度	678 千米 / 时
最大升限	11796 米

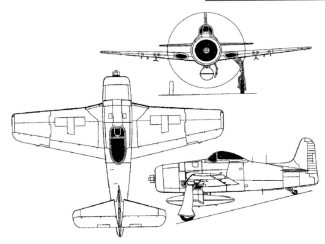

美国 F9F "黑豹" (Panther) 战斗机

F9F "黑豹" 战斗机是美国格鲁曼公司研发的第一架喷气式战斗机，也是美国海军 "蓝天使" 特技飞行队使用的第一种喷气式飞机。

F9F "黑豹" 战斗机是美国海军第一种击落苏联米格系列战斗机的飞机，同时也是机翼设计由平直翼向后掠翼变更的典型代表。F9F 的机翼开始的设计是平直机翼；后来的晚期型号，机翼被改成了后掠式。F9F 系列通常使用一台普惠 J42-P-6/P-8 涡轮喷射发动机，最大速度可达 925 千米 / 时。

基本参数	
机身长度	11.40 米
机身高度	3.45 米
翼展	12 米
乘员	1 人
空重	4220 千克
最大起飞重量	7460 千克
最大航程	2100 千米
最大速度	925 千米 / 时
最大升限	13600 米

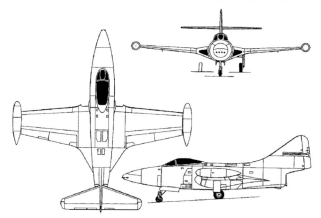

美国 F–80 "流星"（Shooting Star）战斗机

F–80 "流星"战斗机是美国第一种大量生产的喷气式飞机，而且是第一种投入实战的喷气式战斗机。

F–80 "流星"战斗机在 1944 年 1 月首次试飞并取得成功，飞行速度达到 806 千米 / 时，成为当时美国飞得最快的飞机。该机采用 1 台 J33–A–5 涡喷发动机，推力为 23 千牛。座舱为增压座舱，并且装有空调。另外在 F–80C 中还装备了弹射座椅。该机的武器为 2 挺 12.7 毫米 M3 型机枪，射速为 1200 发 / 分。

基本参数	
机身长度	10.52 米
机身高度	3.45 米
翼展	11.85 米
乘员	1 人
空重	5753 千克
最大起飞重量	7700 千克
最大航程	1930 千米
最大速度	932 千米 / 时
最大升限	14000 米

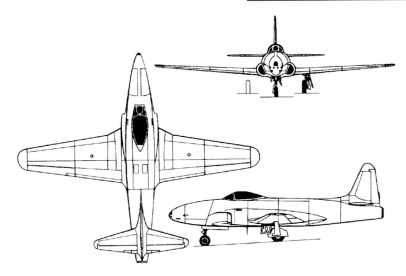

美国 F-82 "双野马"（Twin Mustang）战斗机

  F-82 "双野马"战斗机是美国陆航于 1946 年开始装备的双座战斗机，由北美航空公司研制。

  F-82 "双野马"战斗机的动力装置为 2 台 1177 千瓦艾里逊 V-1710-143/145 活塞发动机，以双构架布局来达到较远的航程与良好的耐久性。尽管 F-82 的机身与 P-51 相似，但它实际上采用的是一个全新的结构。飞行员位于飞机的左舷。该机的机载武器为 6 挺 12.7 毫米固定前射机翼机枪，在翼下挂架上可携带 4 枚 454 千克炸弹或 4 个副油箱。

基本参数	
机身长度	12.93 米
机身高度	4.22 米
翼展	15.62 米
乘员	2 人
空重	7271 千克
最大起飞重量	11632 千克
最大航程	3605 千米
最大速度	741.9 千米 / 时
最大升限	11857 米

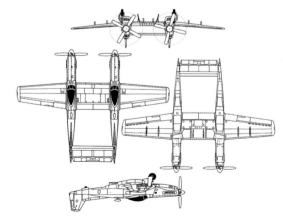

美国 F-84 "雷电喷气"（Thunderjet）战斗轰炸机

F-84 "雷电喷气"战斗轰炸机是美国最早大量使用的单座喷气式战斗轰炸机，也是美国第一种能运载战术核武器的喷气式战斗机。

在 F-84 "雷电喷气"战斗轰炸机家族中，性能最好的是 F-84F。该机的改进较大，机翼由垂直翼改为后掠翼，最大速度达 1059 千米/时，最大升限为 14000 米，作战半径为 725 ~ 1370 千米，装有 6 挺 12.7 毫米机枪，机翼下可挂载 24 枚火箭弹或 4 枚 454 千克炸弹，最大载重量为 2720 千克。

基本参数	
机身长度	10.24 米
机身高度	13.23 米
翼展	4.39 米
乘员	1 人
空重	5200 千克
最大起飞重量	10590 千克
最大航程	1384 千米
最大速度	1059 千米/时
最大升限	14000 米

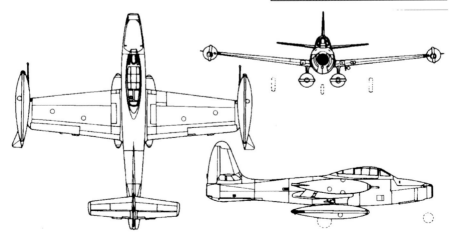

美国 F-86 "佩刀"（Sabre）战斗机

　　F-86 "佩刀" 战斗机由北美航空公司研制，是世界上第一种在俯冲时超音速及第一种装备空对空导弹的战斗机。

　　F-86 "佩刀" 战斗机最大水平空速较低，最大升限较低，中、低空爬升速度较慢，但其高速状态下的操控性较佳，运动性灵活，也是一个稳定的射击平台。F-86 还是美国第一种装设弹射椅的战斗机，其主要武器为 6 挺 12.7 毫米勃朗宁 M2HB 机枪（H 型改为 4 门 20 毫米机炮），并可携带 900 千克炸弹或 8 枚 166 毫米无导向火箭。

基本参数	
机身长度	11.4 米
机身高度	4.6 米
翼展	11.3 米
乘员	1 人
空重	5046 千克
最大起飞重量	8234 千克
最大航程	2454 千米
最大速度	1106 千米 / 时
最大升限	15100 米

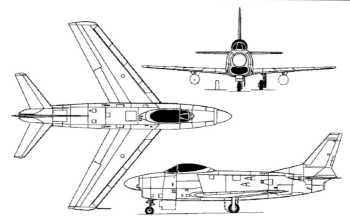

美国 F-94 "星火"(Starfire) 截击机

　　F-94 "星火"截击机是美国第一种大量服役的喷气式截击机,由洛克希德·马丁公司研制。

　　F-94 "星火"截击机第一批生产型是F-94A,它是第一种装备发动机加力燃烧室的生产型战机,同时又是美国空军的第一种喷气式全天候战斗机。之后的改进型 F-94B 从外表看几乎和 F-94A 一模一样,但两者在内部设备和系统方面却有着不小的差别。F-94B加装了 1 台斯佩里零位指示器,它和仪表着陆系统指示器相配合,可以在恶劣天气条件下降落时使飞行员获得飞机下滑的有关数据。

基本参数	
机身长度	11.48 米
机身高度	3.58 米
翼展	11.43 米
乘员	2 人
空重	4560 千克
最大起飞重量	6810 千克
最大航程	1852 千米
最大速度	975 千米 / 时
最大升限	13716 米

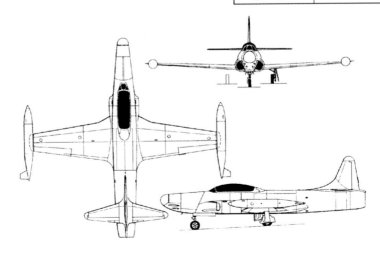

美国 F-100 "超佩刀"（Super Sabre）战斗轰炸机

　　F-100 "超佩刀"战斗轰炸机是世界上第一种实用化的超音速战机，由北美航空公司研制。

　　F-100 "超佩刀"战斗轰炸机最初是作为接替 F-86 的高性能超音速战机而设计的，然而在其服役生涯中，F-100 常被作为战斗轰炸机使用。该机是第一种在机身重要结构上采用钛合金的飞机。由于进气口扁圆，机头上部线条明显下倾，从而使得 F-100 具有较好的前下方视野，也为其日后发展成战斗轰炸机提供了客观条件。

基本参数	
机身长度	14.36 米
机身高度	4.68 米
翼展	11.82 米
乘员	1 人
空重	9500 千克
最大起飞重量	15800 千克
最大航程	3210 千米
最大速度	1390 千米 / 时
最大升限	15000 米

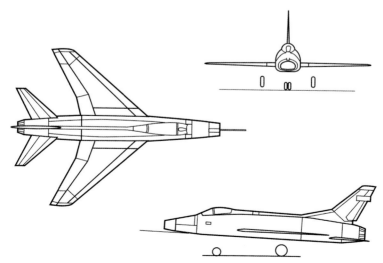

美国 F-101 "巫毒"(Voodoo) 战斗机

F-101 "巫毒" 战斗机是美国麦克唐纳公司研制的双发超音速战斗机，是世界上第一架水平飞行速度超过 1600 千米/时的量产战机。

F-101 "巫毒" 战斗机采用中单翼，装配 2 台有后燃器的 J-57-P-55 涡喷发动机，进气口位于机身两侧，发动机喷嘴在机身中后部，后机身结构向后延伸安装垂直尾翼。水平尾翼接近垂直尾翼的顶部，为全动式设计。武器包括 4 门在机身内的 20 毫米 M39 机炮，以及外部挂架挂载的 3 枚 AIM-4E 或 AIM-4F 空对空导弹，2 枚 AIR-2A 无控空对空火箭弹（核弹头）。

基本参数	
机身长度	21.54 米
机身高度	5.49 米
翼展	12.10 米
乘员	2 人
空重	12680 千克
最大起飞重量	23000 千克
最大航程	2450 千米
最大速度	1825 千米/时
最大升限	17800 米

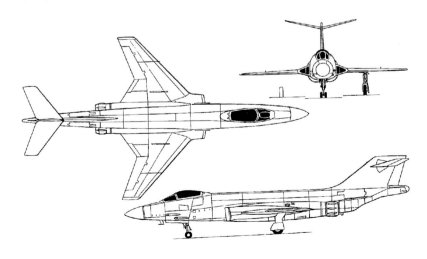

美国 F-102 "三角剑"(Delta Dagger) 截击机

　　F-102 "三角剑"截击机是美国康维尔公司研制的单座全天候截击机，主要用于美国本土的防空作战。

　　F-102 "三角剑"截击机的设计来自 1948 年试验成功的 XF-92 无尾三角翼试验机。20 世纪 50 年代初，美国空军想要研制一种超音速的截击机。按照当时的方法将整个系统分成武器系统和飞机系统两部分分别招标，最后只有康维尔公司的设计被允许继续发展。F-102 服役后主要部署在北美大陆，用来拦截敌方的远程轰炸机。F-102 曾参加越南战争，主要任务是为空军基地防空和护送轰炸机。

基本参数	
机身长度	20.83 米
机身高度	6.45 米
翼展	11.61 米
乘员	1 人
空重	8777 千克
最大起飞重量	14300 千克
最大航程	2715 千米
最大速度	1304 千米 / 时
最大升限	16300 米

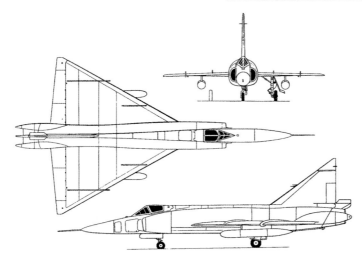

美国 F-104 "星"(Starfighter) 战斗机

　　F-104 "星"战斗机是美国洛克希德公司研制的超音速轻型战斗机，1958年开始装备部队。

　　F-104 "星"战斗机于 1955 年 4 月便达到 2 马赫的飞行速度，后成为 20 世纪 60 年代世界三大高性能战斗机（其余两种为 MiG-21、"幻影"Ⅲ）之一。不过，该机因航程短、载弹量小未成为美国空军的主力战斗机。F-104 通常装有 1 门 20 毫米 M61 机炮，备弹 750 发。执行截击任务时，携带"麻雀"空对空导弹和"响尾蛇"空对空导弹各 2 枚。执行对地攻击任务时，携带"小斗犬"空对地导弹 2 枚、900 千克核弹 1 枚以及多枚普通炸弹，最大载弹量为 1800 千克。

基本参数	
机身长度	16.66 米
机身高度	4.11 米
翼展	6.36 米
乘员	1 人
空重	6350 千克
最大起飞重量	13170 千克
最大航程	2623 千米
最大速度	2137 千米 / 时
最大升限	15000 米

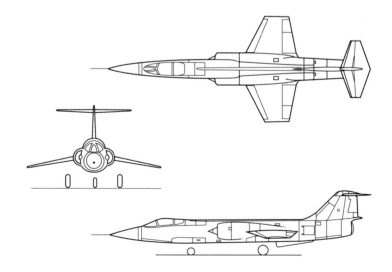

美国 F-105 "雷公" (Thunderchief) 战斗轰炸机

F-105 "雷公" 战斗轰炸机是美国空军第一种超音速战斗轰炸机，也是美国空军有史以来最大的单座单发作战飞机。

F-105 "雷公" 战斗轰炸机最大的特点是它宽敞的内部武器舱和翼根下的前掠发动机进气口。该机动力装置为 1 台 J75-P-19W 涡轮喷气发动机，加力推力为 120 千牛。F-105 前机身左侧装有 1 门 20 毫米的 6 管机炮，备弹 1029 发。弹舱内可载 1 枚 1000 千克或 4 枚 110 千克的炸弹或核弹。翼下有 4 个挂架，机腹下 1 个挂架，可按各种方案携带核弹和常规炸弹、4 枚 AGM-12 空对地导弹或 4 枚 AIM-9 空对空导弹。

基本参数	
机身长度	19.63 米
机身高度	5.99 米
翼展	10.65 米
乘员	1 人
空重	12470 千克
最大起飞重量	23834 千克
最大航程	3550 千米
最大速度	2208 千米/时
最大升限	14800 米

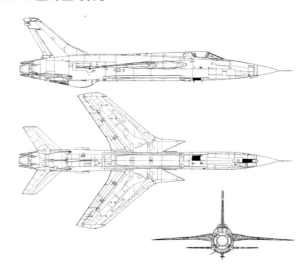

美国 F-106 "三角标枪"（Delta Dart）截击机

F-106 "三角标枪" 截击机是美国康维尔公司研制的全天候超音速截击机，1959 年 7 月开始交付美国空军使用。

F-106 "三角标枪" 截击机从 F-102 截击机改型而来，气动外形、结构、军械和机载设备方面改动较大，采用推力更大的 J-75 发动机，战术技术性能有了较大提高。F-106 的主要目标是各种远程轰炸机，标准武器配置是 4 枚 AIM4 空对空导弹、1 枚 AIR-2 "妖怪" 核火箭。F-106 原本没有机炮，后来加装了 M61 "火神" 机炮。

基本参数	
机身长度	21.56 米
机身高度	6.18 米
翼展	11.67 米
乘员	1 人
空重	11077 千克
最大起飞重量	15 670 千克
最大航程	4300 千米
最大速度	2455 千米 / 时
最大升限	17000 米

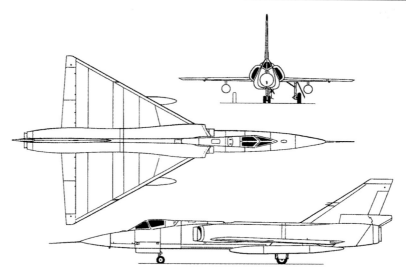

美国 F-111 "土豚"（Aardvark）战斗轰炸机

　　F-111 "土豚"战斗轰炸机是美国通用动力公司研制的战斗轰炸机，1967年开始服役。

　　F-111 "土豚"战斗轰炸机是世界上最早的实用型变后掠翼飞机，主要用于夜间、复杂气象条件下执行遮断和核攻击任务。该机拥有诸多当时的创新技术，包含几何可变翼、后燃器、涡轮扇发动机和低空地形追踪雷达等。F-111 通常装 2 台 TF30-P-3 加力涡轮风扇发动机，单台推力 56 千牛。该机的武器系统包括机身弹舱和 8 个翼下挂架，可携带普通炸弹、导弹和核弹。

基本参数	
机身长度	22.4 米
机身高度	5.22 米
翼展	19.2 米
乘员	2 人
空重	21537 千克
最大起飞重量	44896 千克
最大航程	6760 千米
最大速度	2655 千米 / 时
最大升限	20100 米

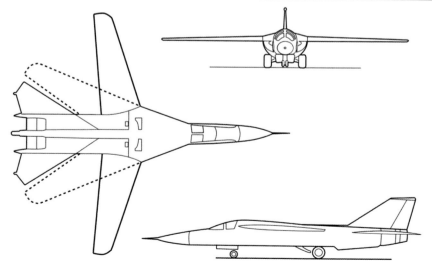

美国 FH-1 "鬼怪"（Phantom）战斗机

FH-1 "鬼怪"战斗机是美国海军第一种舰载喷气式战斗机，由麦克唐纳公司研制。

FH-1 "鬼怪"战斗机在结构设计上没有采用革命性的技术，而是遵循了 20 世纪 40 年代的成熟技术。机体为全金属硬壳结构，外部被埋头铆钉铆接的铝合金蒙皮包裹。机翼为当时流行的平直翼，节省航母上宝贵的空间，主起落架外侧的机翼内设有折叠机构，机翼折叠后缩短至 5 米。FH-1 的主要武器是 4 挺勃朗宁 12.7 毫米机枪，每挺机枪备弹 325 发。

基本参数	
机身长度	11.35 米
机身高度	4.32 米
翼展	12.42 米
乘员	1 人
空重	3031 千克
最大起飞重量	5459 千克
最大航程	1120 千米
最大速度	771 千米/时
最大升限	12525 米

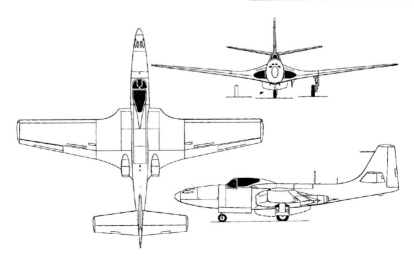

美国 FJ-1 "狂怒"(Fury) 战斗机

　　FJ-1 "狂怒"战斗机是美国早期著名的"狂怒"系列舰载战斗机的首种型号，1947 年开始交付美国海军使用。

　　FJ-1 "狂怒"战斗机采用单座单发、机头进气的布局，粗壮的机身内容纳着 J35 涡喷发动机，平直下单翼略带上反角，垂直尾翼仍然保留着活塞式飞机的特点，水平尾翼固定于尾喷口上方，其上反角比主翼稍大。FJ-1 的翼尖可带 2 个 770 升的副油箱，机翼是可以折叠的，但不能携带任何外挂，武器只有机头两侧的 6 挺 12.7 毫米机枪和 1500 发子弹。

基本参数	
机身长度	10.48 米
机身高度	4.52 米
翼展	11.63 米
乘员	1 人
空重	4010 千克
最大起飞重量	6854 千克
最大航程	2400 千米
最大速度	880 千米/时
最大升限	9753 米

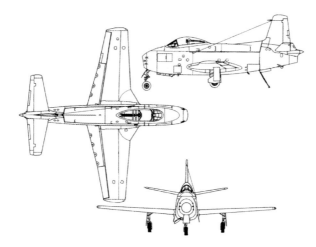

美国 F-2 "女妖"（Banshee）战斗机

F-2 "女妖"战斗机是美国麦克唐纳公司研制的单座舰载战斗机。

"女妖"战斗机首个量产型号 F2H-1 的武器为装在机鼻下部的 4 门 M3 型 20 毫米机炮，各备弹 150 发。F2H-1 的载油量达 3319.8 升，是当时美国海军喷气式飞机中载油量最大的。F2H-1 起初装备的是推力为 13 千牛的威斯汀豪斯 J34-WE-22 发动机，之后更换为 14 千牛推力的 J34-WE-30 发动机。"女妖"战斗机的后续改进型均在 F2H-1 的基础上提升了性能。

基本参数	
机身长度	14.68 米
机身高度	12.73 米
翼展	4.42 米
乘员	1 人
空重	5980 千克
最大起飞重量	11437 千克
最大航程	2760 千米
最大速度	933 千米 / 时
最大升限	14205 米

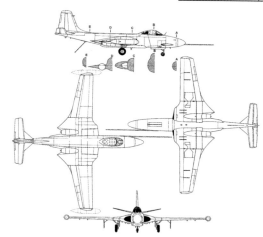

美国 F-3 "魔鬼" (Demon) 战斗机

　　F-3"魔鬼"战斗机是美国麦克唐纳公司研制的第一种后掠翼喷气式战斗机，1949 年开始设计。

　　F-3 "魔鬼" 战斗机是一种单发、近音速全天候战机，有 F3H-1N、F3H-1P、F3H-2N、F3H-2M、F3H-2、F3H-2P 和 F3H-3 等多种型号。其中，F3H-2M 是第一种只带导弹不用机炮的战机。F3H-2 为攻击/战斗机，配备了 4 门 20 毫米机炮，并可携带 4 枚 "麻雀" 导弹或 2 枚 "响尾蛇" 导弹，或搭载 2720 千克常规炸弹。

基本参数	
机身长度	17.98 米
机身高度	4.44 米
翼展	10.76 米
乘员	1 人
空重	10040 千克
最大起飞重量	15377 千克
最大航程	1899 千米
最大速度	1152 千米 / 时
最大升限	10683 米

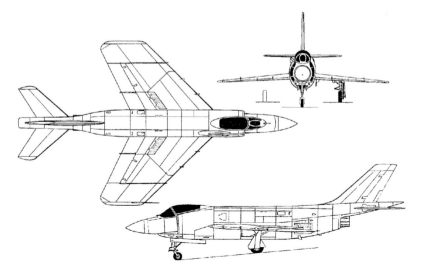

美国 F-4 "鬼怪 II"（Phantom II）战斗机

  F-4 "鬼怪 II" 战斗机是美国麦克唐纳公司研制的双发舰队重型防空战斗机，堪称美国第二代战斗机的典型代表。

  F-4 "鬼怪 II" 战斗机各方面的性能都比较好，不但空战性能好，对地攻击能力也很强。该机的缺点是大仰角机动性能欠佳，高空和超低空性能略差，起降时对跑道要求较高。F-4 装有 1 门 M61A1 六管加特林机炮，9 个外挂点的最大载弹量达 8480 千克，可携带普通航空炸弹、集束炸弹、电视和激光制导炸弹及火箭弹。

基本参数	
机身长度	19.20 米
机身高度	5.02 米
翼展	11.77 米
乘员	1 人
空重	13760 千克
最大起飞重量	28030 千克
最大航程	2600 千米
最大速度	2414 千米 / 时
最大升限	16580 米

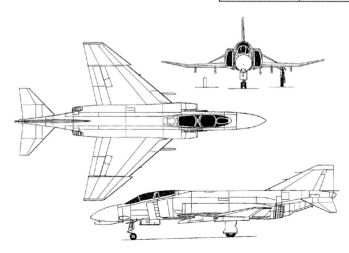

美国 F-5 "自由斗士" (Freedom Fighter) 战斗机

　　F-5 "自由斗士" 战斗机是美国诺斯洛普公司研制的轻型战斗机，A、B、C 三型称为 "自由斗士"，E、F 两型称为 "虎Ⅱ" (Tiger Ⅱ)。

　　F-5 "自由斗士" 战斗机通常装有 2 门 20 毫米 M39A2 型机炮，7 个外挂点可挂载 2 枚 "响尾蛇" 空对空导弹和各种空对地导弹，以及激光制导炸弹及各类常规炸弹。该机的动力装置为 2 台通用 J85-GE-21B 涡喷发动机，单台最大推力为 1588 千牛。F-5 号称是低档战斗机，但它的机动性能相比同时代的其他战斗机并不逊色。

基本参数	
机身长度	14.45 米
机身高度	4.06 米
翼展	8.13 米
乘员	1 人
空重	4410 千克
最大起飞重量	11210 千克
最大航程	2860 千米
最大速度	1741 千米 / 时
最大升限	15790 米

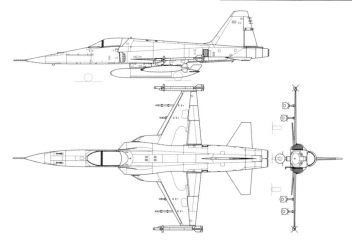

美国 F-6 "天光"（sky ray）战斗机

　　F-6 "天光"战斗机是美国道格拉斯公司研制的三角翼战斗机，是美国海军第一种超音速战斗机。

　　F-6 "天光"战斗机具有极佳的机动性，爬升性能尤为出众。该机的武器包括 4 门柯尔特 M12 型 20 毫米机炮，每 1 门备弹 70 发。不过，由于 4 门机炮的炮口过于靠近，机炮经常被拆除。后期生产型共有 7 个外挂点，总共可以负担 1800 千克的外挂物，包括副油箱、火箭发射巢和导弹等。

基本参数	
机身长度	13.8 米
机身高度	3.96 米
翼展	10.2 米
乘员	1 人
空重	7268 千克
最大起飞重量	12300 千克
最大航程	954 千米
最大速度	1242 千米 / 时
最大升限	16764 米

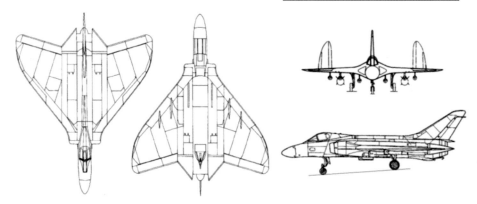

美国 F-8 "十字军"（Crusader）战斗机

　　F-8 "十字军" 战斗机是原沃特飞机公司为美国海军研制的舰载超音速战斗机。

　　F-8 "十字军" 战斗机事故率低，机动性能好，在 20 世纪 50 年代末至 60 年代中期是美国海军的主力舰载战斗机之一。该机装有 1 台普惠 J57-P-20 涡喷发动机，加力推力为 81.7 千牛。F-8 机头装有 4 门 20 毫米机炮，每门备弹 85 发。机身两侧各有 2 个武器挂架，可挂 4 枚 "响尾蛇" 空对空导弹，也可挂 8 枚 127 毫米 "阻尼" 火箭弹。

基本参数	
机身长度	16.53 米
机身高度	4.8 米
翼展	10.87 米
乘员	1 人
空重	7956 千克
最大起飞重量	13000 千克
最大航程	2795 千米
最大速度	1975 千米 / 时
最大升限	17700 米

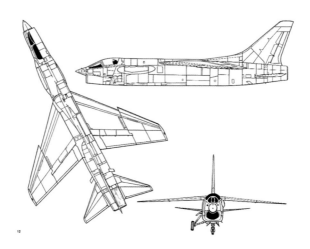

美国 F-10 "空中骑士"（SkyKnight）战斗机

　　F-10 "空中骑士" 战斗机美国是道格拉斯公司研制的舰载夜间战斗机，也是世界上最早的喷气式夜间战斗机。

　　F-10 "空中骑士" 战斗机于 1946 年开始设计，1948 年 3 月 23 日首飞，共生产 268 架。该机采用双发、并列双座设计，机载武器为 4 门 20 毫米机炮，动力装置为 2 台西屋 J46-WE-36 发动机，单台推力 15.1 千牛。F-10 曾参加 20 世纪 50 年代以来的多场局部战争，最后于 1978 年退役。

基本参数	
机身长度	13.84 米
机身高度	4.9 米
翼展	15.24 米
乘员	2 人
空重	8237 千克
最大航程	2200 千米
最大速度	909 千米 / 时
最大升限	13400 米

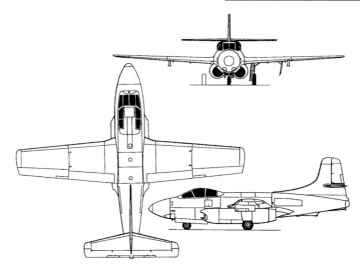

美国 F-11 "虎"(Tiger) 战斗机

F-11 "虎"战斗机是由美国格鲁曼公司研制的舰载单座战斗机。

F-11 "虎"战斗机与 F-8 几乎同时进入美国海军服役，F-8 的速度比 F-11 快得多，作为武器平台更令人满意。虽然 F-11 的海平面速度快于 F-8，操作性也更好，但它在 10675 米高度的速度比 F-8 慢得多，爬升能力和作战半径也稍逊一筹。此外，莱特 J65 发动机的可靠性也一直不佳，而且当时它已经达到了潜能开发的极限，这也注定了 F-11 的服役时间不会很长。

基本参数	
机身长度	14.3 米
机身高度	4 米
翼展	9.6 米
乘员	1 人
空重	6277 千克
最大起飞重量	10663 千克
最大航程	2050 千米
最大速度	1170 千米 / 时
最大升限	14900 米

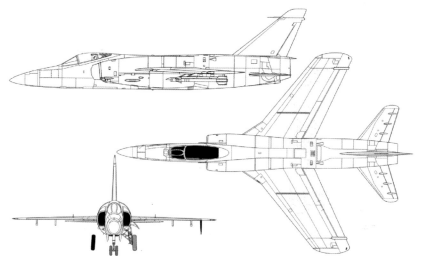

美国 F-14 "雄猫"（Tomcat）战斗机

　　F-14 "雄猫"战斗机是由美国格鲁曼公司研制的双座超音速多用途舰载战斗机。

　　F-14 "雄猫"战斗机设备先进，性能优越，可执行护航、舰队防空、遮断和近距离支援任务。该机装备了当时独有的资料链，可将雷达探测到的资料与其他 F-14 战斗机分享，其雷达画面能显示其他 F-14 探测到的目标。F-14 装备有 1 门 20 毫米 M61 机炮，还可发射 AIM-54 "不死鸟"、AIM-7 "麻雀"和 AIM-9 "响尾蛇"等空对空导弹，以及各类炸弹。

基本参数	
机身长度	19.1 米
机身高度	4.88 米
翼展	19.54 米
乘员	2 人
空重	19838 千克
最大起飞重量	33720 千克
最大航程	2960 千米
最大速度	2485 千米 / 时
最大升限	15240 米

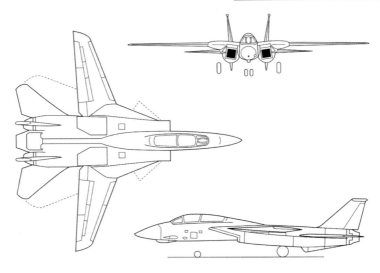

美国 F-15 "鹰"(Eagle) 战斗机

　　F-15 "鹰" 战斗机是麦克唐纳·道格拉斯公司研发的全天候战斗机，属于美国第三代战斗机。

　　与美国第二代战斗机相比，F-15 "鹰" 战斗机的最大改进是具有高度的机动性能和加速性能，摆脱了 F-4 等战斗机机动性能与小型喷气式战斗机相比存在一定缺陷的困境。其推重比极高，而单位翼载荷则很低。按要求，F-15 应能作高空高机动飞行和洲际转场飞行，能单人操纵投放各种武器，可近距离格斗，野战自助能力强，具有雷达下视能力。

基本参数	
机身长度	19.43 米
机身高度	5.68 米
翼展	13.03 米
乘员	1～2 人
空重	12973 千克
最大起飞重量	30800 千克
最大航程	5741 千米
最大速度	3000 千米/时
最大升限	19800 米

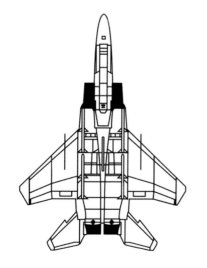

美国 F-15E "攻击鹰"（Strike Eagle）战斗轰炸机

F-15E "攻击鹰" 战斗轰炸机是美国麦克唐纳·道格拉斯公司在 F-15 的基础上改进而来的双座超音速战斗轰炸机。

F-15E "攻击鹰" 战斗轰炸机兼具对地攻击和空中优势。该机在外形上与 F-15D 基本相同，重新设计了发动机舱以及部分结构，使航程增加了 33%，武器挂架增加了 1 倍，除原挂架外，在每个保形油箱边还有 6 个挂架，采用了具有自动地形跟踪能力三余度的数字式电传操纵系统和先进的电子座舱显示系统。

基本参数	
机身长度	19.43 米
机身高度	5.63 米
翼展	13.05 米
乘员	2 人
空重	14515 千克
最大起飞重量	36741 千克
最大航程	4445 千米
最大速度	3060 千米 / 时
最大升限	17000 米

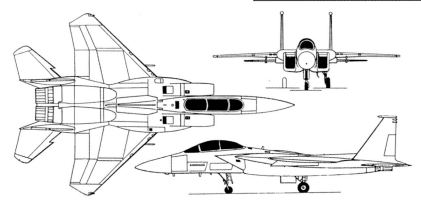

美国 F-16 "战隼"（Fighting Falcon）战斗机

F-16 "战隼" 战斗机是通用动力公司为美国空军研制的单发单座轻型战斗机，1980 年 5 月开始交付使用。

F-16 "战隼" 战斗机设计的初衷是用于空中格斗，辅助美国空军主流派心目中的主力战机 F-15，形成高低配置，后来经过不断升级改造，F-16 成为也可用于近距空中支援、地面攻击、侦察等多种用途的战机。F-16 装有 1 门 20 毫米 M61 机炮，并可发射多种空对地导弹、空对舰导弹和空对空导弹。

基本参数	
机身长度	15.02 米
机身高度	5.09 米
翼展	9.45 米
乘员	1 ~ 2 人
空重	8272 千克
最大起飞重量	19187 千克
最大航程	3890 千米
最大速度	2173 千米 / 时
最大升限	15240 米

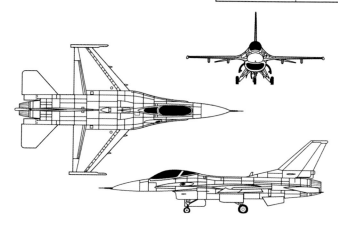

美国 F/A-18 "大黄蜂"（Hornet）战斗/攻击机

　　F/A-18 "大黄蜂"战斗/攻击机是麦克唐纳·道格拉斯公司为美国海军研制的舰载单座双发超音速战斗/攻击机。

　　F/A-18 "大黄蜂"战斗/攻击机的主要特点是可靠性和维护性好，生存能力强，大仰角飞行性能好，以及武器投射精度高。该机的机体是按 6000 飞行小时的使用寿命设计的，机载电子设备的平均故障间隔为 30 飞行小时，雷达的平均故障间隔时间为 100 小时，电子设备和消耗器材中的 98% 有自检能力。F/A-18 装有 1 门 20 毫米六管机炮，另有 9 个挂架。

基本参数	
机身长度	17.1 米
机身高度	4.7 米
翼展	11.43 米
乘员	1 ～ 2 人
空重	11200 千克
最大起飞重量	23400 千克
最大航程	3330 千米
最大速度	1814 千米/时
最大升限	15000 米

苏联 LaGG-3 战斗机

　　LaGG-3 是一种单座单发活塞战斗机，它和雅克列夫设计局的 Yak-1 以及米高扬设计局的 MiG-3 战斗机一起在"二战"爆发后逐步取代老式的 I-15 和 I-16，成为苏联空军战斗机部队的主要机型。

　　和其他苏联战斗机相比，LaGG-3 的主要优点在于机体结构坚固，早期型号的火力也较强。当被炮弹击中时，LaGG-3 并不像 Yak 战机（采用钢管蒙布结构）那样容易起火，但木质结构在遭受损伤时更容易碎裂解体。

基本参数	
机身长度	8.81 米
机身高度	2.54 米
翼展	9.8 米
乘员	1 人
空重	2205 千克
最大起飞重量	3190 千克
最大航程	1000 千米
最大速度	575 千米 / 时
最大升限	9700 米

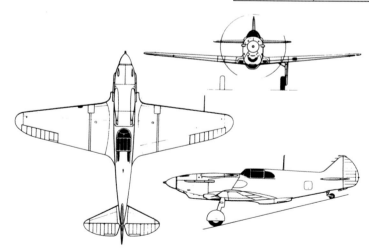

苏联 La-5 战斗机

La-5 战斗机是苏联在"二战"中后期的主力战斗机之一，还常被认为是苏联当时综合表现最优秀的战斗机。

La-5 战斗机为单座单发式螺旋桨战斗机，最大特色是首创了前缘襟翼的构造，使用后三点式收放式起落架，配三叶式螺旋桨和气泡式座舱，有外露式的无线电天线。La-5 使用 M-82 星型十四气缸气冷发动机，配备机械增压器，最大功率为 1268 千瓦。La-5 在前机身上方装有 2 门 20 毫米机炮，备弹 200 发，另外翼下可挂载 150 千克炸弹。

基本参数	
机身长度	8.67 米
机身高度	2.54 米
翼展	9.8 米
乘员	1 人
空重	2605 千克
最大起飞重量	3265 千克
最大航程	765 千米
最大速度	648 千米 / 时
最大升限	11000 米
爬升速度	16.7 米 / 秒

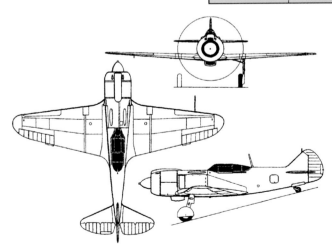

苏联 La-7 战斗机

La-7 战斗机是 La-5 的改进型，也是"二战"中苏联红军最实用的战斗机之一。

La-7 战斗机的主要结构仍是木制，机身主梁和各舱段隔板为松木，蒙皮为薄胶合板和多层高密度织物压制而成，厚度由机头至机尾为 6.8 毫米至 3.5 毫米，其强度比 La-5 更大。机头由于要镶上发动机和弹药舱等，故采用铬钼合金钢管焊接的支架，驾驶舱也采用金属钢管焊接的支架结构。座舱玻璃为厚 55 毫米的有机玻璃。

基本参数	
机身长度	8.6 米
机身高度	2.54 米
翼展	9.8 米
乘员	1 人
最大起飞重量	3315 千克
最大航程	665 千米
最大速度	661 千米 / 时
最大升限	10450 米
爬升速度	15.72 米 / 秒

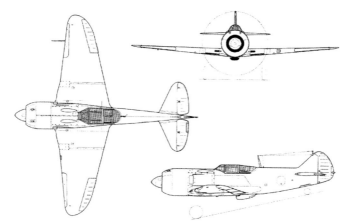

苏联 La-9 战斗机

La-9 战斗机是 20 世纪 40 年代末期性能较先进的活塞式战斗机，1946 年 6 月首飞，1947 年装备部队。

La-9 战斗机基本保持了 La-7 的气动布局和外形特点，主要的改进是采用了全金属结构、层流翼形，武器装备为 4 门 NR-23 型 23 毫米机炮。动力装置为 1 台 ASh-82FN 发动机，功率为 1361 千瓦。由于当时喷气式战斗机已开始服役部队，所以 La-9 仅生产了约 1000 架，于 1953 年停产。

基本参数	
机身长度	8.62 米
机身高度	2.54 米
翼展	9.8 米
乘员	1 人
空重	2600 千克
最大起飞重量	3676 千克
最大航程	1735 千米
最大速度	690 千米 / 时
最大升限	11300 米

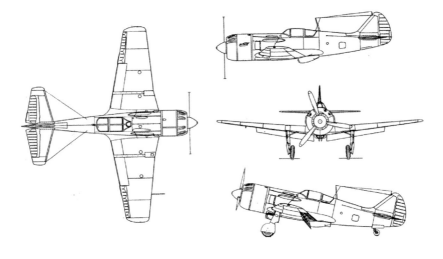

苏联 La-11 战斗机

　　La-11 战斗机是苏联拉沃金设计局在 La-9 战斗机投入批量生产后，又在其基础上改进研制的单座活塞式护航战斗机。

　　La-11 战斗机是苏联最后的活塞式战斗机，在螺旋桨战斗机中，性能优越。La-11 与 La-9 的外形和机体结构基本相同，主要的改进是增大了机内燃油储量，武器装备改为 3 门 NR-23 型 23 毫米机炮。La-11 的动力装置仍是 1 台 ASh-82FN 活塞发动机，功率为 1361 千瓦。

基本参数	
机身长度	8.63 米
机身高度	2.8 米
翼展	9.8 米
乘员	1 人
空重	2770 千克
正常起飞重量	3996 千克
最大航程	2550 千米
最大速度	674 千米 / 时
最大升限	10250 米

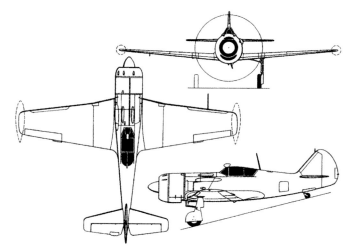

苏联 I-15 战斗机

I-15 战斗机是苏联"二战"前期的主力战斗机，研发者为玻利卡尔波夫设计局。

I-15 战斗机初期型号的上机翼为"鸥"式布置，以便给飞行员提供较好的视野。起落架为固定式，外形比较简洁，某些型号在机轮上还增加了整流罩。飞机的前部机身是铝蒙皮，其余部分为布蒙皮。I-15 最初装有 1 台 M-22 星型发动机，功率为 353 千瓦。I-15 的机载武器为 2 挺带同步射击装置的 7.62 毫米 PV-1 机枪。

基本参数	
机身长度	6.1 米
机身高度	2.2 米
翼展	9.8 米
乘员	1 人
空重	1012 千克
最大起飞重量	1415 千克
最大航程	500 千米
最大速度	350 千米 / 时
最大升限	7250 米

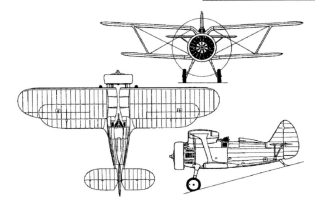

苏联 I-16 战斗机

I-16 战斗机是苏联"二战"初期的主力战斗机，产量约 8600 架。

I-16 战斗机代表了两次世界大战之间空战概念的变化，其兼有新旧机型的特色，如旧机型的开放式座舱和粗短机身，新机型的下单翼构造和收放式起落架，但总体而言反映了"一战"时的"缠斗战"思想。I-16 是世界上第一架低单翼的硬壳结构战斗机，并率先使用收放式起落架和变距螺旋桨等新的民用飞机技术。

基本参数	
机身长度	6.13 米
机身高度	3.25 米
翼展	9 米
乘员	1 人
空重	1490 千克
最大起飞重量	2095 千克
最大航程	700 千米
最大速度	525 千米 / 时
最大升限	9700 米

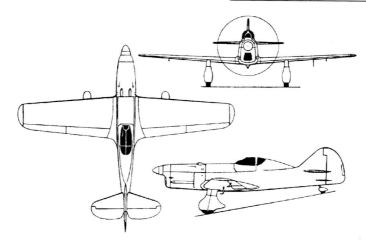

苏联 Yak–1 战斗机

Yak–1 战斗机是雅克系列战斗机的第一种型号，也是苏联在临近"二战"爆发时投产的一系列战斗机中最成功的一种。

Yak–1 战斗机机翼为木质承力结构，外覆 2.5 ~ 5 毫米厚的航空胶合板。座舱盖为三段式有机玻璃结构，中段向后滑移。飞行员座椅有 8 毫米厚的装甲板保护。Yak–1 的操作性不错，对飞行员技术水平要求不高，大多数飞行员在经过 30 ~ 50 小时的初级飞行训练后即可直接驾驶。其中，低空性能好，弥补了飞行员战斗经验不足的问题。

基本参数	
机身长度	8.5 米
机身高度	2.64 米
翼展	10 米
乘员	1 人
空重	2394 千克
最大起飞重量	2883 千克
最大航程	700 千米
最大速度	592 千米 / 时
最大升限	10050 米
爬升速度	15.4 米 / 秒

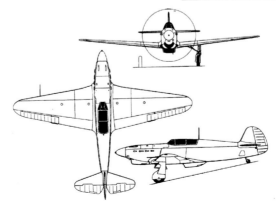

苏联 Yak-3 战斗机

  Yak-3 战斗机是苏联在"二战"后期空优性能最好的战斗机,也常被认为是整个"二战"中最灵活和敏捷的战斗机。

  Yak-3 战斗机是一种下单翼单座液冷式螺旋桨战斗机,采用全金属结构和后三点收放式起落架。Yak-3 取消了 Yak-1 机首下方的油冷器吸气口,改为在翼根设计两个较小的吸气口。Yak-3 使用气泡式座舱,外形比 Yak-1 更短粗。该机的武器为 1 门 20 毫米机炮和 2 挺 12.7 毫米机枪。动力装置为 1 台 M-105R 液冷十二汽缸 V 型发动机,功率为 925 千瓦。

基本参数	
机身长度	8.5 米
机身高度	2.39 米
翼展	9.2 米
乘员	1 人
空重	2105 千克
最大起飞重量	2692 千克
最大航程	650 千米
最大速度	655 千米 / 时
最大升限	10700 米
爬升速度	18.5 米 / 秒

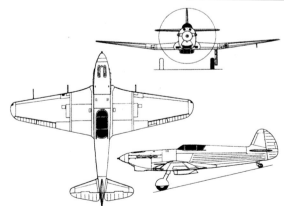

苏联 Yak-7 战斗机

Yak-7 战斗机是在 Yak-1 的基础上发展起来的双座教练机，1941 年被改成了单座战斗机。

雅克列夫设计局在 Yak-7 驾驶舱后面的机身上制作了一个折叠式的空间，这是训练机留下来的设计。这部分用途很多，可载运货物、调动部队人员，或放置 100 千克的备用燃料等。除了作为战斗机外，Yak-7 还不断变形，衍生出高空截击机、重装备战斗机（3 门 20 毫米机炮或 1 门 37 毫米机炮）、长距离截击机、高速前线侦察机、炮兵校射机、高级官员联络机等 18 种机型。

基本参数	
机身长度	8.48 米
翼展	10 米
乘员	1 人
空重	2450 千克
最大起飞重量	2935 千克
最大航程	643 千米
最大速度	571 千米 / 时

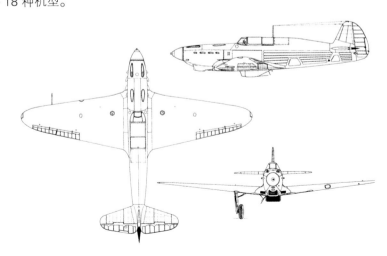

苏联 Yak–9 战斗机

　　Yak–9 战斗机是雅克列夫设计局研制的单发战斗机，是苏联在"二战"中生产数量最多的战斗机之一。

　　Yak–9 战斗机是根据作战实践自 Yak–7 改良而来的，主要特征是完全使用气泡式封闭座舱，可以很明显地与早期的 Yak–1 相区别。虽然 Yak–9 的整体性能还算不错，但也有一些较严重的缺点，如防弹和抗毁性较差等。作为一款成功的战斗机，Yak–9 也与其他著名战斗机一样被发展为一个成员数量庞大的系列，其中比较重要的包括战术侦察型 Yak–9P、战斗轰炸型 Yak–9B 和 Yak–9T，以及长程型 Yak–9D 和后期的标准型 Yak–9U 等。

基本参数	
机身长度	8.55 米
机身高度	3 米
翼展	9.74 米
乘员	1 人
空重	2350 千克
最大航程	1360 千米
最大速度	591 千米 / 时
最大升限	9100 米
爬升速度	13.7 米 / 秒

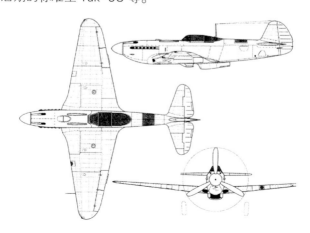

苏联 Yak-15 战斗机

Yak-15 战斗机由 Yak-3U 活塞式的金属机身加喷气式发动机改装而来，是雅克列夫设计局第一款喷气式战斗机，1946 年 4 月 24 日首飞，是苏联第一款实用型喷气式轻型战斗机。

由于此机是由 Yak-3U 的机身改装，因此 Yak-15 的生产时间十分短，首飞不到半年就生产了 15 架，并交由苏联当局评估。从 1947 年 5 月大量生产开始，到 1947 年年底，1948 年年初推出 Yak-17 之前，设计局大概生产了 280 架 Yak-15。这 200 多架几乎全部用作当教练机，从而使飞行员适应喷气式战斗机。

基本参数	
机身长度	8.7 米
机身高度	2.2 米
翼展	9.2 米
乘员	1 人
空重	1852 千克
作战范围	510 千米
最大速度	786 千米 / 时
实用升限	12000 米
爬升速度	21.6 米 / 秒

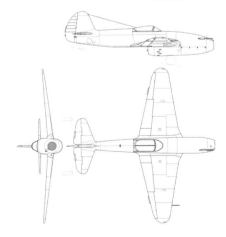

苏联 Yak-17 战斗机

　　Yak-17 战斗机是苏联雅克列夫设计局研制的亚音速单座战斗机，由 Yak-15 改进而来，1947 年首次试飞。该型机改进了发动机，将后三点式起落架改装成了前三点式起落架。该机共生产了 430 架。

　　Yak-17 战斗机主要的改进为加强了机身结构，更换一个更强大的发动机，增加了可投掷副油箱，并将 Yak-15 尾部机轮改为机首起落架。此机在 MIG-15 研制出来前担负着苏联领空的防守任务，生产了约 430 架，有部分为双座教练型 Yak-17UTI。

基本参数	
机身长度	8.7 米
机身高度	2.3 米
翼展	9.2 米
乘员	1 人
空重	2081 千克
作战范围	395 千米
最大速度	748 千米 / 时
实用升限	12750 米
爬升速度	12 米 / 秒

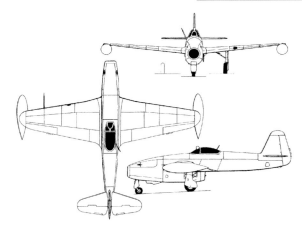

苏联 Yak-19 战斗机

　　Yak-19 战斗机是一个试验型全金属单座战斗机，1947 年首飞，配备了助燃器的发动机，类似米格 15 的烟管式机身设计，弹射座椅和全套的无线电导航设备，使该机整体技术优于当时苏联任何一款战斗机。

　　不过由于发动机技术过于落后和该机没有太大的改进空间，Yak-19 并没有量产，但它为雅克局积累了宝贵的机身设计经验。Yak-19 下马的同时，配备了新发动机的 Yak-25 试验机开始试飞。

基本参数	
机身长度	8.36 米
机翼面积	13.56 平方米
翼展	8.7 米
乘员	1 人
空重	2192 千克
作战范围	550 千米
最大速度	907 千米 / 时
最大升限	15000 米
爬升速度	20.8 米 / 秒

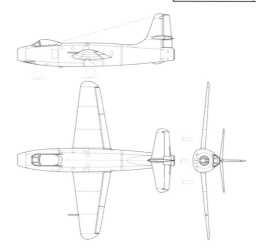

苏联 Yak-23 战斗机

　　Yak-23 战斗机是 Yak-15/17 家族的最终改版，于 1947 年 6 月首飞，产

量 310 架，作为在研制过程中的后掠翼战斗机的后备过渡机。Yak-23 采用了 Yak-23 的机翼设计和 Yak-15/17 的机身设计，加大了垂直尾翼面积并将水平尾翼移至垂尾中部。

基本参数	
机身长度	8.13 米
机身高度	3.31 米
翼展	8.73 米
乘员	1 人
空重	1980 千克
载重量	3384 千克
最大航程	1200 千米
最大速度	925 千米 / 时
爬升率	47 米 / 秒

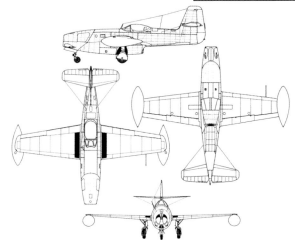

苏联 Yak-28 战斗机

　　Yak-28 战斗机是苏联雅克列夫设计局服役时间较长的双发战机家族的最后一员，于 1958 年 3 月首飞，1960 年开始服役。

　　Yak-28B 型在机鼻处装有 RBR-3 雷达轰炸机系统。Yak-28P 型专为中、低空作战设计，其用安装有"鹰"D 型雷达的尖锐的雷达罩取代了原来的玻璃化机鼻，随后在服役期间得到了多次改进。到 1967 年停产时，后续生产的 Yak-28P 的雷达罩明显加长，总体性能也有所提升。

基本参数	
机身长度	21.6 米
机身高度	3.95 米
翼展	12.5 米
乘员	2 人
空重	9970 千克
最大起飞重量	20000 千克
最大航程	2630 千米
最大速度	2009 千米 / 时
最大升限	16000 米

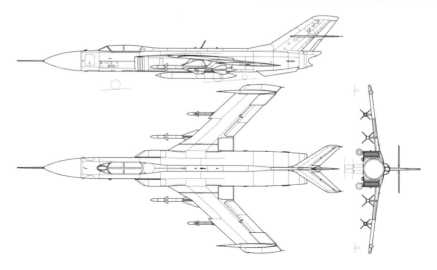

苏联 Yak-38 战斗机

　　Yak-38 战斗机是雅克列夫设计局为苏联海军研制的舰载垂直起降战斗机。

　　Yak-38 战斗机主要用于对地面和海面目标实施低空攻击的侦察，并具有一定的舰队防空能力。该机装有 3 台发动机，分别为机尾的推进 / 升举发动机和驾驶舱后方的 2 台升举发动机。Yak-38 的主翼可以向上折叠，以节省存放空间。该机也有不少缺点，如机械结构较为复杂，垂直起飞时耗油量较大，且因需要协调 3 台发动机共同工作，所以故障率较高。

基本参数	
机身长度	16.37 米
机身高度	4.25 米
翼展	7.32 米
乘员	1 人
空重	7385 千克
最大起飞重量	11300 千克
最大航程	1300 千米
最大速度	1280 千米 / 时
最大升限	11000 米

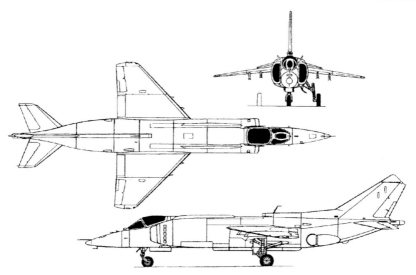

苏联 MiG-1 战斗机

　　MiG-1 战斗机是苏联米高扬飞机设计局早期设计制造的一款螺旋桨战斗机，是米格战机家族的第一个成员。

　　该机于 1938 年开始研制。当时，苏联空军根据实际需要，提出研制一种新型高速战斗机，著名的设计师波里卡尔波夫提出的方案赢得了广泛支持，随后该机被赋予 I-200 的研制代号。

基本参数	
机身长度	8.16 米
机身高度	2.62 米
翼展	10.2 米
乘员	1 人
空重	2602 千克
最大起飞重量	3319 千克
实用升限	12000 米
最大速度	657 千米 / 时
爬升率	16.8 米 / 秒

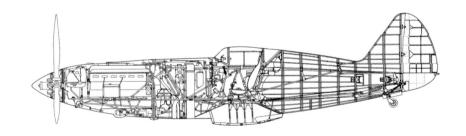

go

苏联 MiG-3 战斗机

　　MiG-3 战斗机是苏联在"二战"中使用的一种单座活塞式战斗机。

　　MiG-3 由当时从属于第一国家飞机工厂的米高扬设计局设计，但最初的设计思想来自波利卡尔波夫设计局的 K 型机。在"二战"后期，当抢夺制空权变得更加重要时，米格机开始建功立业，它特别适合 5000 米以上的空战，因此米格机通常进入国土防空军（PVO）服役，被用来拦截高空来犯的轰炸机和侦察机。

基本参数	
机身长度	8.25 米
机身高度	3.3 米
翼展	10.2 米
乘员	1 人
空重	2699 千克
作战范围	820 千米
机翼面积	17.44 平方米
最大速度	640 千米 / 时
实用升限	12000 米

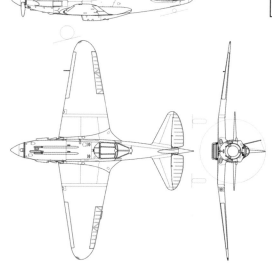

苏联 MiG-9 战斗机

MiG-9 战斗机是苏联"二战"后研制的首批喷气式战斗机之一。该机揭示了喷气时代的很多气动、操控、设计、制造上的特点，是苏联航空工业的里程碑。

MiG-9 战斗机采用 2 台仿制德国 BMW003 的喷气式发动机，每台静推力 7.8 千牛。机载武器包括 1 门 37 毫米机炮（备弹 40 发）和 2 门 23 毫米机炮（每门备弹 80 发）。MiG-9 虽然速度快、升限高，但具备早期喷气战斗机的一切缺点，出动性、可靠性、机动性都很差。

基本参数	
机身长度	9.75 米
机身高度	2.59 米
翼展	10 米
乘员	1 人
空重	3540 千克
最大起飞重量	5501 千克
最大航程	1100 千米
最大速度	910 千米/时
最大升限	12800 米

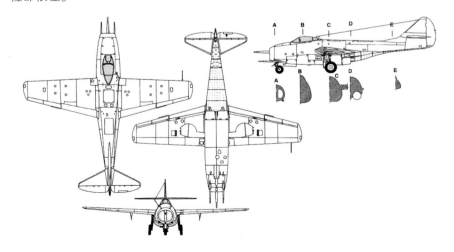

苏联 MiG-15 "柴捆"（Fagot）战斗机

　　MiG-15 "柴捆" 战斗机是世界上第一种实用的后掠翼飞机，已经具备了现代喷气式飞机的雏形。MiG-15 的动力装置是 1 台推力为 2700 千牛的 BK-1 型发动机，具有光滑的机身外形。该机安装了 3 门机炮，翼下还可以挂载炸弹和副油箱。由于没有装备雷达，MiG-15 不具备全天候作战能力。除了航程较短外，MiG-15 在当时拥有最先进的性能指标。由于 MiG-15 的出色表现，在活塞飞机时代默默无闻的米高扬设计局也因此扬名立万。

基本参数	
机身长度	10.1 米
机身高度	3.7 米
翼展	10.1 米
乘员	1 ~ 2 人
空重	3580 千克
最大起飞重量	6105 千克
最大航程	1310 千米
最大速度	1075 千米 / 时
最大升限	15500 米

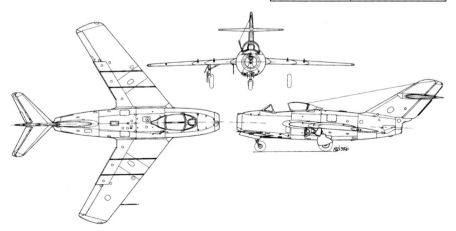

苏联 MiG-17 "壁画"（Fresco）战斗机

　　MiG-17 "壁画" 战斗机是苏联米高扬设计局研制的单发战斗机，1949 年 12 月开始试飞，1952 年进入苏联空军服役。

　　MiG-17 "壁画" 战斗机是基于 MiG-15 的经验研制的单发战斗机，其基本型号只能容纳 1 名飞行员，采用中单翼设计，起落架可伸缩。机身结构为半硬壳全金属结构。座舱采用了加压设计，气压由发动机提供。前方和后方有装甲板保护。前座舱罩是 65 毫米厚的防弹玻璃。紧急情况下驾驶员可以使用弹射座椅逃生。

基本参数	
机身长度	11.26 米
机身高度	3.8 米
翼展	9.63 米
乘员	1 人
空重	3798 千克
最大起飞重量	5932 千克
最大航程	1290 千米
最大速度	1114 千米 / 时
最大升限	15600 米

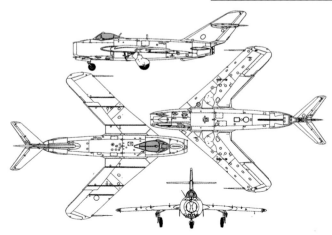

苏联 MiG-19 "农夫"(Farmer) 战斗机

MiG-19 "农夫" 战斗机是苏联米格设计局研制的最后一种传统后掠翼布局的战斗机，也是世界上第一种进入批量生产的超音速战斗机。

MiG-19 "农夫" 战斗机爬升速度快，加速性和机动性好，火力强，能全天候作战，主要用于空战，争夺制空权，也可实施对地攻击。MiG-19 的气动外形和 MiG-15、MiG-17 一脉相承。该机的武器除 1 门固定的机首机炮和 2 门机翼机炮外，还可以通过 4 个挂架挂载导弹或火箭弹，导弹主要为 R-3 空对空导弹，火箭弹为 S-5 系列。

基本参数	
机身长度	12.5 米
机身高度	3.9 米
翼展	9.2 米
乘员	1 人
空重	5447 千克
最大起飞重量	7560 千克
最大航程	2200 千米
最大速度	1455 千米 / 时
最大升限	17500 米

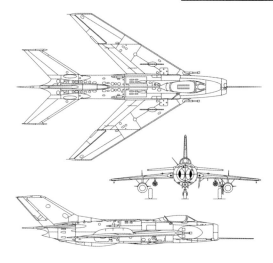

苏联 MiG-21 "鱼窝" (Fishbed) 战斗机

MiG-21 "鱼窝" 战斗机是苏联米高扬设计局研制的单座单发轻型战斗机，1955 年原型机试飞，1958 年开始装备部队。

MiG-21 "鱼窝" 战斗机具有简单、轻便和善于缠斗的特点，而且价格较为便宜，适合大规模生产。MiG-21 有 20 余种改型外，除几种试验用改型，其余的外形尺寸变化不大，虽然重量不断增加，但同时也换装推力加大的发动机，因而飞行性能差别不大。由于机载设备和武器不同，各型号的作战能力有明显差别。

基本参数	
机身长度	15.4 米
机身高度	4.13 米
翼展	7.15 米
乘员	1 人
空重	5700 千克
最大起飞重量	9100 千克
最大航程	1580 千米
最大速度	2125 千米 / 时
最大升限	19000 米

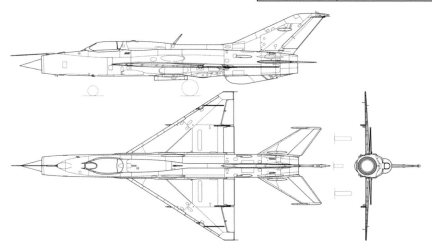

苏联 MiG-23 "鞭挞者"（Flogger）战斗机

　　MiG-23 "鞭挞者"战斗机是苏联米高扬设计局研制的多用途超音速战斗机，1967 年 5 月首飞，1970 年开始服役。

　　MiG-23 "鞭挞者"战斗机的设计思想强调了较大的作战半径、在不同速度下飞行的能力、良好的起降性和优良的中低空作战性能。机载武器方面，MiG-23 除 1 门固定的 GSh-23L 双管 23 毫米机炮外，还可以通过机翼和机身下的挂架挂载包括 R-3、R-23/24 和 R-60 在内的多款空对空导弹。而 MiG-23MLD 则可以使用先进的 R-27 和 R-73 空对空导弹。

基本参数	
机身长度	16.7 米
机身高度	4.82 米
翼展	13.97 米
乘员	1 人
空重	9595 千克
最大起飞重量	18030 千克
最大航程	2820 千米
最大速度	2445 千米 / 时
最大升限	18500 米

苏联 MiG–25 "狐蝠" (Foxbat) 战斗机

MiG–25 "狐蝠" 战斗机是苏联米高扬设计局于 20 世纪 60 年代研制的高空高速战斗机。

MiG–25 "狐蝠" 战斗机在设计上强调高空高速性能，曾打破多项飞行速度和飞行高度世界纪录，如可在 24000 米高空以 2.8 马赫的速度持续飞行。为了保证机体能够承受住高速带来的高温，MiG–25 大量采用了不锈钢结构，但这样的高密度材料却给 MiG–25 带来了更大的重量和更高的耗油量，在其突破 3 马赫高速飞行时油料不能支撑太久，而且机体本身的高质量也限制了其载弹量。

基本参数	
机身长度	19.75 米
机身高度	6.1 米
翼展	14.01 米
乘员	1 人
空重	20000 千克
最大起飞重量	41000 千克
最大航程	2575 千米
最大速度	3600 千米 / 时
最大升限	20700 米

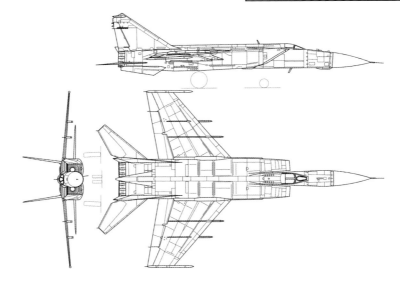

苏联 MiG-29 "支点" (Fulcrum) 战斗机

　　MiG-29 "支点" 战斗机是苏联米高扬设计局研制的双发战斗机，1983 年开始服役部队。

　　MiG-29 "支点" 战斗机的基本任务是在各种海拔高度、方向、气象和电子对抗条件下，消灭 60 ~ 200 千米内的空中目标。该机在气动设计上的最大特色，就是其精心设计的翼身融合体。MiG-29 基本型号具备有限的空地攻击能力，但其改进型号已具有使用精确制导武器攻击固定或移动目标的能力。MiG-29 的固定武装为 1 门 30 毫米的 GSh-30-1 机炮。在每个机翼下，依据不同的型号有 3 个或 4 个挂点，两边共有 6 个或 8 个挂点。

基本参数	
机身长度	17.32 米
机身高度	4.73 米
翼展	11.36 米
乘员	1 人
空重	11000 千克
最大起飞重量	20000 千克
最大航程	1500 千米
最大速度	2400 千米 / 时
最大升限	17000 米

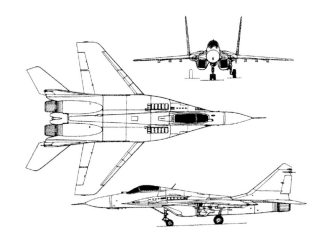

苏联 MiG-31 "捕狐犬" (Foxhound) 战斗机

MiG-31 "捕狐犬" 战斗机是苏联米高扬设计局研制的双座全天候战斗机，1983 年开始服役。

MiG-31 "捕狐犬" 战斗机是苏制武器 "大就是好" 的典型代表，其机身巨大、推力引擎耗油量高、相控阵雷达功率极大，至今仍能接受各种升级改装。与 MiG-25 相比，MiG-31 的机头更粗、翼展更大，增加了锯齿前缘，进气口侧面带附面层隔板，换装推力更大的引擎并加强机体结构，以适应低空超音速飞行。此外，它还增加了外挂点，攻击火力大大加强。

基本参数	
机身长度	22.69 米
机身高度	6.15 米
翼展	13.46 米
乘员	2 人
空重	21820 千克
最大起飞重量	46200 千克
最大航程	3300 千米
最大速度	3255 千米 / 时
最大升限	20600 米

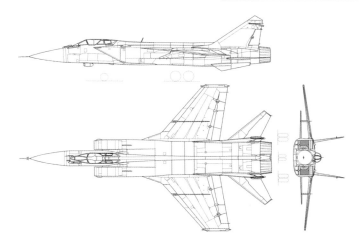

苏联 Su-7 "装配匠 A" (Fitter-A) 战斗轰炸机

Su-7 "装配匠 A" 战斗轰炸机是苏联苏霍伊设计局于 20 世纪 50 年代研制的喷气式战斗轰炸机。

Su-7 "装配匠 A" 战斗轰炸机有较高的推重比，中、高空机动性能较好。不过，Su-7 对跑道要求较高，早期机型不能在野战机场使用。作为战斗轰炸机，Su-7 未装备雷达，只有简单的航空电子系统。Su-7 的固定武器为 2 门 30 毫米机炮，每门备弹 30 发，可携带火箭弹、炸弹等执行对地支援任务。Su-7 后期型号可投放战术核武器，是第一种具备此能力的苏联战斗机。

基本参数	
机身长度	16.8 米
机身高度	4.99 米
翼展	9.31 米
乘员	1 人
空重	8937 千克
最大起飞重量	15210 千克
最大航程	1650 千米
最大速度	1150 千米 / 时
最大升限	17600 米
爬升率	160 米 / 秒

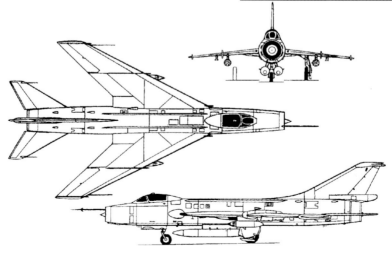

苏联 Su-9 "捕鱼笼" (Fishpot) 截击机

  Su-9 "捕鱼笼" 截击机是苏联苏霍伊设计局于 20 世纪 50 年代研制的单座单发全天候截击机，1959 年开始服役。

  Su-9 "捕鱼笼" 截击机高空高速性能较好，成为苏联防空部队首批具备拦截美制 U-2 高空侦察机能力的飞机。由于受导弹制胜论的影响，Su-9 未装备机炮，其 RP-9U 火控雷达可在 17 ~ 20 千米距离上探测到中等尺寸的目标，机翼前伸发射梁可携带 4 枚 RS-2 空对空导弹。在服役期间，苏军飞行员对其评价不高，主要是因其难以操作和事故率较高。

基本参数	
机身长度	17.37 米
机身高度	4.88 米
翼展	8.43 米
乘员	1 人
空重	8620 千克
最大起飞重量	13500 千克
最大航程	1125 千米
最大速度	2135 千米 / 时
最大升限	16760 米
爬升速度	136.7 米 / 秒

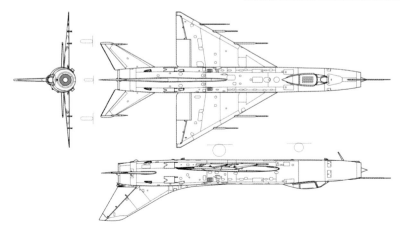

苏联 Su-15 "细嘴瓶"（Flagon）截击机

　　Su-15 "细嘴瓶" 截击机是苏联苏霍伊设计局研制的双发截击机，1967 年开始服役。"冷战"结束后，Su-15 于 1993 年自俄罗斯全面退役。

　　Su-15 "细嘴瓶" 截击机装备 1 门 23 毫米双管机炮，备弹 200 发。机翼下共有 4 个外挂点，可挂装 AA-3 "阿纳布" 红外制导或雷达制导空对空导弹、"蚜虫" 红外制导近距空对空导弹，还可挂载其他武器或副油箱。动力装置为 2 台 R-13-300 涡轮喷气发动机，单台最大推力约为 65 千牛，加力推力为 70 千牛。Su-15 在作战半径上略有不足，其他方面都被证明是极其优秀的。

基本参数	
机身长度	19.56 米
机身高度	4.84 米
翼展	9.34 米
乘员	1 人
空重	10874 千克
最大航程	1700 千米
最大速度	2230 千米 / 时
最大升限	18100 米

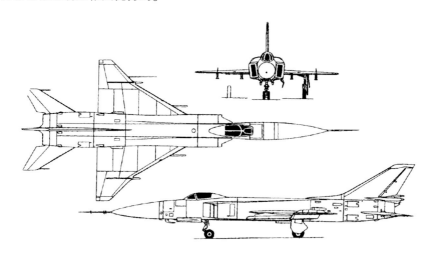

苏联 Su-24 "击剑手" (Fencer) 战斗轰炸机

Su-24 "击剑手" 战斗轰炸机是苏联苏霍伊设计局设计的双座战斗轰炸机，1974 年开始服役。

Su-24 "击剑手" 战斗轰炸机是苏联第一种能进行空中加油的战斗轰炸机，其机翼后掠角的可变范围为 16° ~ 70°，起飞、着陆时为 16°，对地攻击或空战时为 45°，高速飞行时为 70°。其机翼变后掠的操纵方式比 MiG-23 的手动式先进，但还达不到美国 F-14 的水平。Su-24 装有惯性导航系统，飞机能远距离飞行而不需要地面指挥引导，这是苏联飞机能力的新发展。Su-24 装有 2 门 30 毫米机炮，机上有 8 个挂架，正常载弹量为 5000 千克，最大载弹量为 7000 千克。

基本参数	
机身长度	22.53 米
机身高度	6.19 米
翼展	17.64 米
乘员	2 人
空重	22300 千克
最大起飞重量	43755 千克
最大航程	2775 千米
最大速度	1315 千米 / 时
最大升限	11000 米

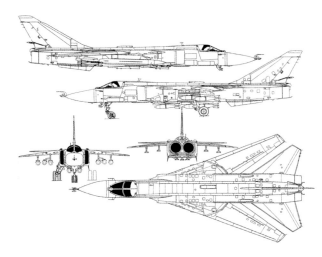

苏联 Su-27"侧卫"(Flanker) 战斗机

    Su-27"侧卫"战斗机是苏联苏霍伊设计局研制的单座双发全天候重型战斗机，1985 年进入部队服役。

    Su-27"侧卫"战斗机机动性和敏捷性好、续航时间长，可以进行超视距作战。但其机载电子设备和座舱显示设备较为落后，且不具备隐身性能。Su-27 的固定武器为 1 门 30 毫米 TBK-687 单管机炮，还可使用 K-13M1、K-14、K-60 和 K-73 四种近距离空对空导弹，以及 K-27ET 和 K-27ER 型中程空对空导弹。

基本参数	
机身长度	21.94 米
机身高度	5.93 米
翼展	14.7 米
乘员	1 人
空重	17450 千克
最大起飞重量	33000 千克
最大航程	3790 千米
最大速度	2876 千米 / 时
最大升限	18000 米

英国布里斯托尔 F2B(Bristol F2B) 战斗机

　　布里斯托尔 F2B 战斗机是英国布里斯托尔飞机公司研制的双座战斗机，1917 年 7 月开始服役。

　　F2B 战斗机原本设计是为支援飞机，但却在"一战"中被证明是最有效的一种战斗机。不过，这种飞机在最初却遭遇挫折。驾驶员因被提醒这种飞机很脆弱而不敢进行大胆的操作，结果损失惨重。不过，在驾驶员发现 F2B 具有以前单座战斗机才有的速度和机动性，并改变作战战术后，这一情况很快就发生了转变。

基本参数	
机身长度	7.87 米
机身高度	2.97 米
翼展	11.96 米
乘员	2 人
空重	975 千克
最大起飞重量	1474 千克
最大航程	593 千米
最大速度	198 千米 / 时
最大升限	5500 米

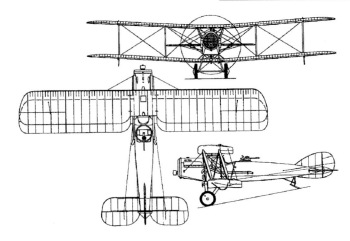

英国马丁赛德 F.4(Martinsyde F.4) 战斗机

　　马丁赛德 F.4 战斗机是马丁赛德公司在"一战"时生产的 F 系列战斗机中的终极型号，被认为是"一战"后期英国生产的最好的单座战斗机。

　　F.4 战斗机采用 221 千瓦的伊斯帕诺·絮扎 8Fb 八缸直列发动机取代了劳斯莱斯"隼"式发动机。该机速度快、机动灵活、爬升速度高，英国空军部下了 150 架的订单，但因生产和发动机交付的延误,最终参战的寥寥无几。F.4 最终产量超过 370 架，但只有极少数交付英国空军服役，结果英国皇家空军不得不选择性能略差的索普维斯公司的"斯奈普"战斗机。

基本参数	
机身长度	7.76 米
机身高度	2.69 米
翼展	9.99 米
乘员	1 人
空重	823 千克
最大起飞重量	1090 千克
最大速度	235 千米 / 时
最大升限	7320 米

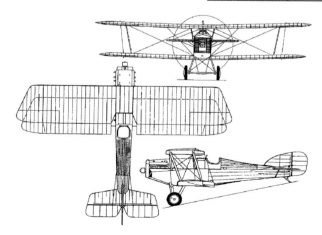

英国 S.E.5 战斗机

　　S.E.5 战斗机由英国皇家飞机制造厂研制，1917 年 3 月开始服役。

　　S.E.5 战斗机继承了皇家飞机制造厂飞机一贯稳定性好、便于操作的优点。该机在俯冲和爬升性能上都超过索普维斯公司的"骆驼"战斗机，即使在持续高机动中也不会解体。唯一的缺点是所采用的伊斯帕诺·絮扎 8a 发动机可靠性不高，直到沃尔斯利公司将发动机改为直接驱动的 W.4a "蝰蛇"，问题才得到解决。

基本参数	
机身长度	6.38 米
机身高度	2.89 米
翼展	8.11 米
乘员	1 人
空重	639 千克
最大起飞重量	902 千克
最大航程	483 千米
最大速度	222 千米 / 时
最大升限	5185 米

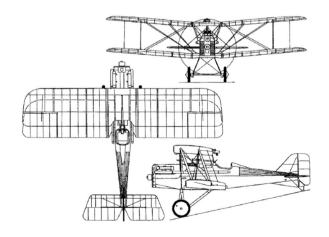

英国 "宝贝"（Baby）战斗机

　　"宝贝"战斗机是英国索普维斯公司研制的单座单发双翼战斗机，1915 年首飞。

　　"宝贝"战斗机的机载武器是 1 挺 7.9 毫米固定机枪。从 1915 年 9 月到 1916 年 7 月，索普维斯公司共为英国海军生产了 110 架，后来又追加了 71 架，用于加强对北海地区德国港口的封锁。这种飞机还用于给执行攻击海岸目标的双座机护航，以及用在早期水上飞机母舰上。

基本参数	
机身长度	7.01 米
机身高度	3.05 米
翼展	7.82 米
乘员	1 人
空重	557 千克
最大起飞重量	779 千克
最大速度	162 千米 / 时
最大升限	3050 米

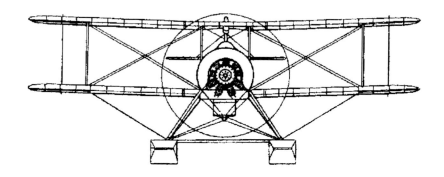

英国"幼犬"（Pup）战斗机

　　"幼犬"战斗机是英国索普维斯公司在"一战"时研制的单座单发双翼战斗机。

　　由于操作性能好，"幼犬"深受英国飞行员的喜爱，总产量大约为 1770 架。虽然"幼犬"于 1917 年秋季从西线战场退役，但生产一直持续到 1918 年，以满足英国本土防卫军的需要，后者使用"幼犬"对付进行骚扰的德国轰炸机以及"齐柏林"飞艇。此外，"幼犬"作为教练机也受到了欢迎。

基本参数	
机身长度	5.89 米
机身高度	2.87 米
翼展	8.08 米
乘员	1 人
空重	358 千克
最大起飞重量	557 千克
最大速度	180 千米 / 时
最大升限	5600 米

英国"骆驼"(Camel) 战斗机

　　"骆驼"战斗机是英国索普维斯公司在"一战"时研制的单座单发双翼战斗机，产量超过 5000 架。

　　"骆驼"是"一战"时英国最著名的战斗机之一。从战果数量来说（击落 1294 架飞机、艘飞艇），"骆驼"可以称作交战双方最为成功的设计。"骆驼"这一绰号来自机枪后膛驼峰形的整流片。虽然"骆驼"战斗力较强，但过于苛刻的操作特性对于新手飞行员来说却是个巨大的考验。

基本参数	
机身长度	5.71 米
机身高度	2.59 米
翼展	8.53 米
乘员	1 人
空重	420 千克
最大起飞重量	660 千克
最大航程	485 千米
最大速度	185 千米 / 时
最大升限	6400 米

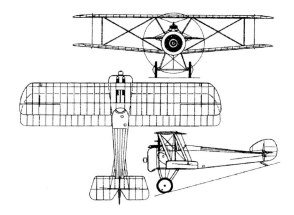

英国 "费尔雷Ⅲ .D" (Fairey III.D) 战斗机

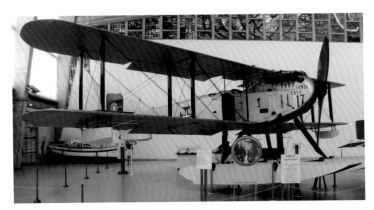

　　"费尔雷Ⅲ .D" 战斗机是英国费尔雷公司研发的水上战斗机，1924 年开始服役。

　　作为英国海军航空兵 1924—1930 年的主战飞机，"费尔雷Ⅲ .D" 结构坚固，性能极高，既可以在航母的短甲板上自行起飞，也可以装上浮筒作为水上飞机从战舰上弹射起飞。"费雷尔Ⅲ .D" 主要用于侦察和火炮校射，乘员接受的训练通常是搜索敌方舰队并在作战中为己方战列舰和巡洋舰提供弹着点观察。

基本参数	
机身长度	11.27 米
机身高度	3.47 米
翼展	14.05 米
乘员	3 人
空重	1473 千克
最大起飞重量	2230 千克
最大航程	880 千米
最大速度	170 千米 / 时
最大升限	6098 米

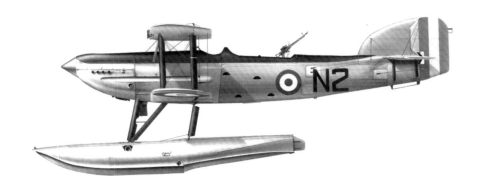

英国"猎迷"(Nimrod) 战斗机

　　"猎迷"战斗机是英国霍克飞机公司研制的舰载战斗机，1931 年 11 月开始服役。

　　尽管性能上低于英国空军"狂怒"Ⅰ战斗机对应的海军战斗机，"猎迷"与两次世界大战期间双翼战斗机的典型设计相比，有许多自身的特点：采用较大的翼展以降低失速速度，便于在航母上降落。该机装有拦阻钩、无线电设备。在机翼和机身中安装了浮盒，以便在海上迫降。1939 年 5 月，"猎迷"全部被"海斗士"所取代，之后当作教练机使用。

基本参数	
机身长度	8.09 米
机身高度	3 米
翼展	10.32 米
乘员	1 人
空重	1413 千克
最大起飞重量	1841 千克
最大航程	488 千米
最大速度	315 千米 / 时

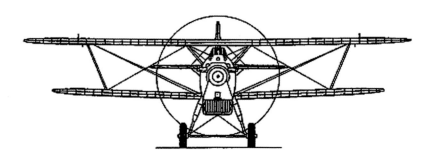

英国"喷火"（Spitfire）战斗机

　　"喷火"战斗机是英国在"二战"中最重要、最具代表性的战斗机，也是最主要的单发战斗机。

　　"喷火"战斗机采用的新技术包括单翼结构、全金属承力蒙皮、铆接机身、可收放起落架、变矩螺旋桨和襟翼装置等。该机采用了大功率活塞式发动机和良好的气动外形。与同期德国主力机种 Bf109E 战斗机相比，"喷火"除航程和装甲等略有不及外，在最大飞行速度、火力，尤其是机动性方面均略胜一筹。

基本参数	
机身长度	9.1 米
机身高度	3.9 米
翼展	11.2 米
乘员	1 人
空重	2300 千克
最大起飞重量	3100 千克
最大航程	1840 千米
最大速度	602 千米 / 时
最大升限	11300 米

英国"飓风"(Hurricane)战斗机

　　"飓风"战斗机是英国霍克飞机公司设计的单座单发战斗机，1937 年开始服役。

　　"飓风"战斗机的金属结构机身和布制蒙皮非常耐用，而且比起"喷火"的金属蒙皮，"飓风"的布制蒙皮对爆炸性机炮弹有更高的对抗性，简单的设计也令维修变得更容易。在不列颠空战中，"飓风"击落的敌机比英军其他任何一种战斗机都多。"飓风"维修简便、飞行特性良好，"二战"后期退居二线后，仍在一些环境恶劣、要求高可靠性多于高性能的战场上执行任务。

基本参数	
机身长度	9.84 米
机身高度	4 米
翼展	12.19 米
乘员	1 人
空重	2605 千克
最大起飞重量	3950 千克
最大航程	965 千米
最大速度	547 千米 / 时
最大升限	10970 米
爬升速度	14.1 米 / 秒

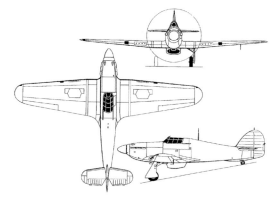

英国"流星"（Meteor）战斗机

"流星"战斗机是英国格罗斯特公司在"二战"时研制的喷气式战斗机，1944 年开始服役。

作为"二战"期间盟军部队唯一装备的喷气式战机，"流星"可谓是大名鼎鼎，立下了赫赫战功。该机最初的作战任务并不是同德国的先进喷气战机进行空战，而是对付德国的 V-1 导弹。在此后的很长时间里，"流星"因其良好的机动性和可操控性成了最受英国空军喜爱的战机。到"二战"结束时，英国空军已有 16 个中队装备了"流星"F3 及其后续机型。

基本参数	
机身长度	13.59 米
机身高度	3.96 米
翼展	11.32 米
乘员	1 人
空重	4846 千克
最大起飞重量	7121 千克
最大航程	965 千米
最大速度	965 千米 / 时
最大升限	13100 米

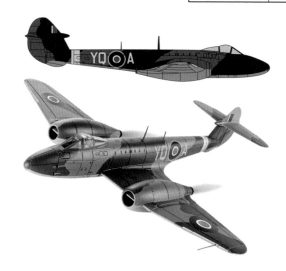

英国 "暴风" (Tempest) 战斗机

"暴风"战斗机是英国霍克飞机公司研制的单座战斗机，1944 年开始服役。

"暴风"战斗机本来就是作为较"喷火"战斗机更先进的战斗机而设计的，在使用过程中发现其爬升速度和高空速度并不理想，尤其是在高速俯冲时空气动力特性恶化，不容易从俯冲中改出，在使用过程中逐渐被当成战斗轰炸机和地面攻击机使用。"暴风"的机载武器为 4 门 20 毫米机炮，另可挂载 2 枚 1000 千克炸弹。

基本参数	
机身长度	10.26 米
机身高度	4.9 米
翼展	12.49 米
乘员	1 人
空重	4195 千克
最大起飞重量	6190 千克
爬升率	23.9 米 / 秒最大速度
最大速度	695 千米 / 时
实用升限	11125 米

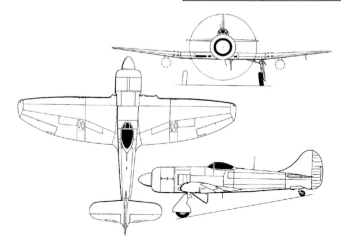

英国"吸血鬼"（Vampire）战斗机

　　"吸血鬼"战斗机是英国德·哈维兰公司研制的喷气式战斗机，1945年开始服役。

　　"吸血鬼"战斗机是英国继"流星"战斗机之后第二种进入实用阶段的喷气式战斗机，服役于"冷战"时期，时间长达20多年，使用国家多达20多个。该机的发动机进气口与进气道开在左、右机翼根部夹层内，前三点起落架可完全收入机内。这样煞费苦心的造型设计是为了使喷气管尽量缩短，减少排气损失。"吸血鬼"的原型机是当时西方国家首款时速超过805千米的飞机。

基本参数	
机身长度	9.37 米
机身高度	2.69 米
翼展	11.58 米
乘员	1 人
空重	3304 千克
最大起飞重量	5620 千克
最大航程	1960 千米
最大速度	882 千米 / 时
最大升限	13045 米

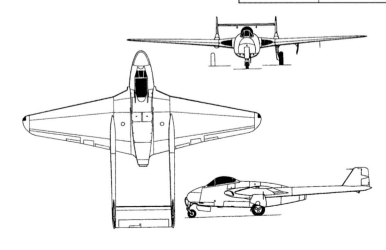

英国"海怒"(Sea Fury) 战斗机

　　"海怒"战斗机是英国霍克飞机公司研制的舰载螺旋桨战斗机，1945 年开始服役。

　　"海怒"战斗机与同时期美国海军 F8F "熊猫"战斗机很相近，在机动性和爬升速度上不及后者，精确武器投送和仪表飞行能力却胜出一筹。"海怒"装有 4 门希斯潘诺机炮，主起落架外侧的翼下挂架可以挂载 2 枚 227 千克或 1 枚 455 千克的炸弹，或 12 枚火箭，或 4 枚 82 千克的火箭弹。"海怒"的动力装置为 1 台布里斯托尔"半人马座"活塞发动机，功率为 1824 千瓦。

基本参数	
机身长度	10.6 米
机身高度	4.9 米
翼展	11.7 米
乘员	1 人
空重	4190 千克
最大起飞重量	5670 千克
最大航程	740 千米
最大速度	740 千米 / 时
最大升限	11000 米

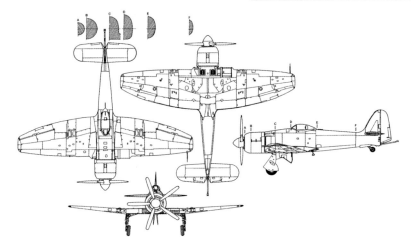

英国"毒液"（Venom）战斗机

　　"毒液"战斗机是英国德•哈维兰公司研制的单发战斗机，1949 年首次试飞，1952 年开始服役。

　　作为"吸血鬼"的后继机型，"毒液"采用比前者更薄的机翼和推力更大的"幽灵"104 涡喷发动机，其机翼在四分之一弦长处略微后掠，并装有翼尖油箱。该机的机鼻中安装有 4 门伊斯帕诺 Mk5 型 20 毫米机炮，翼下两个挂架最大可挂载 907 千克外挂物，包括火箭、炸弹和导弹等。

基本参数	
机身长度	11.21 米
机身高度	2.59 米
翼展	12.8 米
乘员	1～2 人
空重	4000 千克
最大起飞重量	7617 千克
最大航程	1610 千米
最大速度	950 千米 / 时
最大升限	12000 米

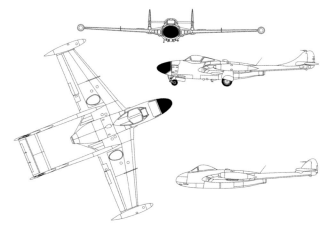

英国"海鹰"(Sea Hawk)战斗机

　　"海鹰"战斗机是英国霍克飞机公司研制的舰载喷气式战斗机，1953 年开始服役。

　　"海鹰"战斗机融合了数项富有独创性的工程技术，是一种相当简洁的设计。其中，战斗轰炸型"海鹰"FB.Mk.3 采用了经过加强的机翼，可以安装多种挂架。曾经试验过的挂载方案包括：2 枚 225 千克炸弹和 2 个副油箱；20 枚"60 磅"火箭弹；以及其他的炸弹、火箭弹或水雷组合。

基本参数	
机身长度	12.09 米
机身高度	2.64 米
翼展	11.89 米
乘员	1 人
空重	4208 千克
最大起飞重量	7327 千克
最大航程	1270 千米
最大速度	901 千米 / 时
最大升限	13565 米

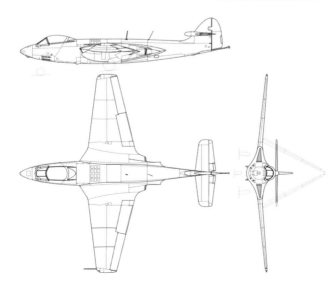

英国 "飞龙" (Wyvern) 战斗机

　　"飞龙" 战斗机是英国韦斯特兰公司设计的最后一种固定翼飞机，1953 年开始服役。

　　"飞龙" 是当时机身最重、结构最复杂的单发战斗机之一。该机采用前缘平直、后缘略带弧度的半椭圆形机翼，机翼略带上反角形成倒海鸥形机翼。前倾的发动机整流罩为飞行员提供了极好的前方视界，这对一种单发的活塞式战斗机来说尤其难得。由于机身前部安装了庞大的动力部分，考虑到配平的需要，加大了垂尾的面积。

基本参数	
机身长度	12.88 米
机身高度	4.8 米
翼展	13.41 米
乘员	1 人
空重	7076 千克
最大起飞重量	11136 千克
最大航程	1465 千米
最大速度	616 千米 / 时
最大升限	8534 米

英国"猎人"(Hunter)战斗机

　　"猎人"战斗机是英国霍克飞机公司研制的单发高亚音速喷气战斗机，1956 年开始服役。

　　"猎人"战斗机有单座和双座机型，只安装简单的测距雷达，不具备全天候作战能力，但可兼作对地攻击用。该机的武器装备为 4 门 30 毫米机炮，另有 4 个挂架，最大挂弹量为 1816 千克。动力装置为 1 台"埃汶"207 涡喷发动机，推力为 45.1 千牛。"猎人"的总产量约 1970 架 (含荷兰、比利时的仿制型)，曾供多个国家使用。

基本参数	
机身长度	14 米
机身高度	4.01 米
翼展	10.26 米
乘员	1 ~ 2 人
空重	6405 千克
最大起飞重量	11158 千克
最大航程	3060 千米
最大速度	1150 千米 / 时
最大升限	15240 米

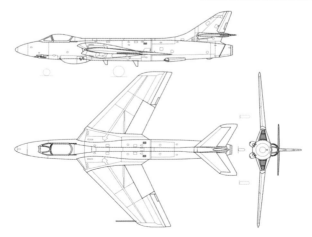

英国"标枪"(Javelin) 战斗机

　　"标枪"战斗机是英国格罗斯特公司研制的双发亚音速战斗机，1956 年开始服役。

　　"标枪"战斗机是英国研制的第一架三角翼战斗机，也是世界上最早使用三角翼的实用战斗机，主要依靠截击雷达和空对空导弹作战。该机装有 2 门 30 毫米机炮，动力装置为 2 台阿姆斯壮·西德利"蓝宝石"ASSa.6 涡喷发动机，单台推力 35.6 千牛。

基本参数	
机身长度	17.15 米
机身高度	4.88 米
翼展	15.85 米
乘员	2 人
空重	10886 千克
最大起飞重量	19580 千克
最大航程	1530 千米
最大速度	1140 千米 / 时
最大升限	15865 米

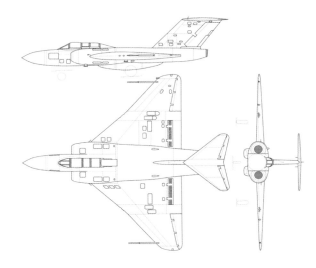

英国 "弯刀" (Scimitar) 战斗机

　　"弯刀" 战斗机是英国超级马林公司研制的喷气式战斗机，1957 年开始服役。

　　"弯刀" 战斗机采用中单翼设计，机翼在 1/4 弦线处的后掠角度是 45°，机翼中间的部分可以向上折起以节省在航舰上的储存与操作空间。机翼前端是同样长度的前缘襟翼，以便降低降落速度与保持良好的低速控制。该机的发动机位于机身的两侧，由各自的进气口和进气道负责提供稳定的气流。武装除固定的 4 门 30 毫米机炮外，还可以在机翼下的两处挂架挂载各种导弹或副油箱。

基本参数	
机身长度	16.87 米
机身高度	4.65 米
翼展	11.33 米
乘员	1 人
空重	10869 千克
最大航程	2289 千米
最大速度	1185 千米 / 时
最大升限	14000 米

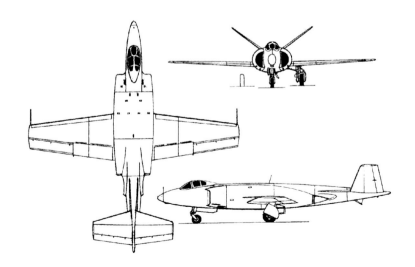

英国"海雌狐"（Sea Vixen）战斗机

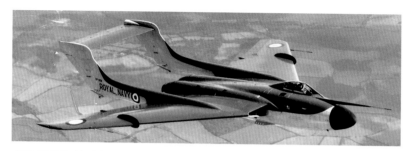

　　"海雌狐"战斗机是英国德·哈维兰公司研制的双发舰载战斗机，1959 年开始服役。

　　"海雌狐"战斗机是英国海军航空兵第一种后掠翼、具有完整武器系统、以导弹为主要武器的舰载战斗机。"海雌狐"机翼下的挂架最多可挂载 4 枚"火光"空对空导弹，或者 907 千克的炸弹，机头下还有 2 个火箭弹发射装置，内部有 28 枚 50 毫米空对空火箭弹。

基本参数	
机身长度	16.94 米
机身高度	3.28 米
翼展	15.54 米
乘员	2 人
空重	12680 千克
最大起飞重量	21205 千克
最大航程	1270 千米
最大速度	1110 千米 / 时
最大升限	14600 米

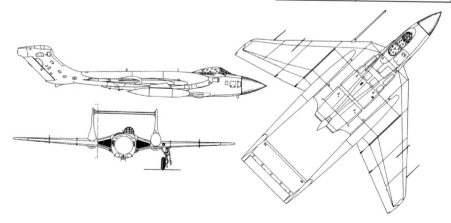

英国"蚊蚋"(gnat) 战斗机

　　"蚊蚋"战斗机是英国弗兰德公司研制的单座轻型战斗机，1959 年开始服役。

　　"蚊蚋"战斗机一反当时追求更快、更高的潮流，而是追求操作灵活、容易整备。由于高推重比和低翼载，加上助力操作装置，"蚊蚋"具有相当好的机动性和可操作性。但追求简易性的独特设计也存在一些缺点，如液压助力操纵系统常出故障，襟副翼在飞行时会突然下垂，造成低空飞行时产生致命的低头力矩。该机装有 2 门"阿登"30 毫米机炮，并可外挂 2 枚 227 千克炸弹或 36 枚火箭弹。

基本参数	
机身长度	8.74 米
机身高度	2.46 米
翼展	6.75 米
乘员	1 人
空重	2175 千克
最大起飞重量	5500 千克
最大航程	800 千米
最大速度	1120 千米 / 时
最大升限	14630 米

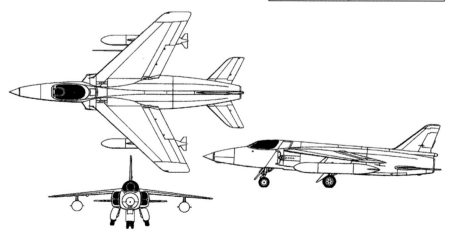

英国"闪电"（Lightning）战斗机

　　"闪电"战斗机是英国电气公司研制的双发单座喷气式战斗机，1959 年服役。

　　"闪电"战斗机最大的设计特点是在后机身内 2 台"埃汶"发动机别出心裁地呈上下重叠安装。该机采用机头进气，在后来战斗机型的圆形进气口中央有 1 个内装火控雷达的固定式调节锥。该机的机翼设计也很独特：前缘后掠 60°，并带缺口（作为涡流发生器用），后缘沿着飞机纵轴互为垂直的方向切平。

基本参数	
机身长度	16.8 米
机身高度	5.97 米
翼展	10.6 米
乘员	1 人
空重	14092 千克
最大起飞重量	20752 千克
最大航程	1370 千米
最大速度	2100 千米 / 时
最大升限	16000 米

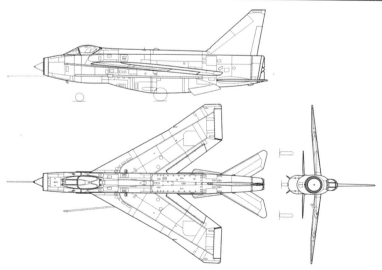

法国"莫拉纳·索尼埃"(Morane Saulnier)AI 战斗机

　　"莫拉纳·索尼埃" AI 战斗机是法国在 20 世纪初研制的单座单发单翼战斗机，1917 年开始飞行。

　　"莫拉纳·索尼埃" AI 战斗机具有革命性的外形，一度被认为是性能超过旧式的"斯帕德"和"纽波特"的战斗机。该机总产量超过 1000 架，为此法国空军还特意成立了一批飞行中队。然而，该机正式服役时的表现却令人大失所望。当时有消息称 AI 在飞行中存在结构上的毛病，并且发动机表现也不稳定。

基本参数	
机身长度	5.65 米
机身高度	2.4 米
翼展	8.51 米
乘员	1 人
空重	421 千克
最大起飞重量	649 千克
最大速度	225 千米 / 时
最大升限	7000 米

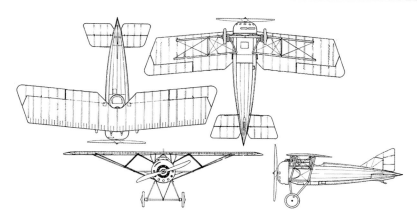

法国"纽波特 10"（Nieuport 10）战斗机

"纽波特 10"战斗机是法国纽波特公司生产的双座单发双翼战斗机、侦察机、轰炸机，1914 年开始服役。

最初服役的"纽波特 10"型号是双座观察机，但很快就通过简单地给前面座位加上整流罩改成了单座型，同时在上机翼加装了 1 挺刘易斯机枪，作战斗机使用。对于未改装成单座的飞机也在同样的位置加装机枪，使得双座型的观察员不得不站起来，穿过上机翼的一个洞才能射击。

基本参数	
机身长度	7.09 米
机身高度	2.7 米
翼展	8.2 米
乘员	1 人
空重	411 千克
最大起飞重量	658 千克
最大航程	250 千米
最大速度	139 千米 / 时
最大升限	4572 米

法国"纽波特 11"（Nieuport 11）战斗机

　　"纽波特 11"战斗机是"纽波特 10.C1"的缩小版，1916 年 1 月开始在法国空军服役，是"一战"中法军最重要的侦察战斗机。

　　作为法国第一款从开始就设计为战斗机的飞机，"纽波特 11"以其高速和敏捷性解除了德国"福克 E"战斗机自 1915 年开始在西线造成的巨大的空中威胁。和"纽波特 10"以及后来的"纽波特"战斗机系列一样，"纽波特 11"优异的机动性来自主设计师古斯塔夫·狄拉格采用的独特的"一倍半"机翼，即上机翼的长度相当于下机翼长度的 1.5 倍。

基本参数	
机身长度	5.64 米
机身高度	2.4 米
翼展	7.52 米
乘员	1 人
空重	344 千克
最大起飞重量	550 千克
最大航程	330 千米
最大速度	156 千米 / 时
最大升限	4600 米

法国"纽波特28"（Nieuport 28）战斗机

"纽波特28"战斗机是法国纽波特公司研制的单座单发双翼战斗机，1918年开始服役。

"纽波特28"是纽波特公司首次采用带双支柱的下机翼（弦长几乎和上机翼相等）布局的飞机，一反该公司采用"一倍半"机翼结构的传统。作为"一战"中出现的最后一种"纽波特"飞机，"纽波特28"设计用于取代"纽波特"和"斯帕德"飞机的早期型号。但法国空军认为"纽波特28"不符合自身要求，于是转交给了美国军队。

基本参数	
机身长度	6.5 米
机身高度	2.5 米
翼展	8.16 米
乘员	1 人
空重	475 千克
最大起飞重量	560 千克
最大航程	349 千米
最大速度	198 千米/时
最大升限	5300 米

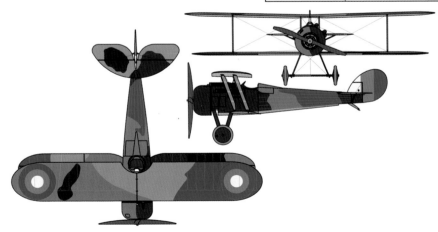

法国 "暴风雨" (Ouragan) 战斗机

　　"暴风雨"战斗机是法国达索飞机公司在"二战"后研制的第一种喷气式战斗机，1952 年开始服役。

　　作为达索飞机公司的第一种喷气式战斗机，虽然"暴风雨"看上去还很简陋，但是这架飞机使达索飞机公司积累了设计喷气式战斗机的经验，尤其是飞机与发动机的匹配问题。从外观上看，"暴风雨"是典型的第一代喷气式战斗机：纺锤形机体、机头进气、平直下单翼、单垂尾。该机是一种更擅长对地作战的飞机，机身坚固异常，作战性能非常出色。

基本参数	
机身长度	10.73 米
机身高度	4.14 米
翼展	13.16 米
乘员	1 人
空重	4140 千克
最大起飞重量	5900 千克
最大航程	960 千米
最大速度	940 千米 / 时
最大升限	13000 米

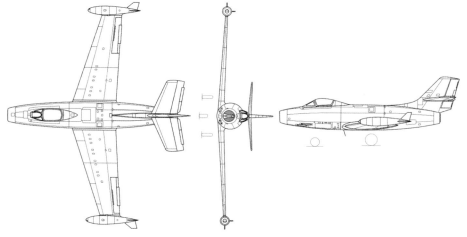

法国"神秘"（Mystere）战斗机

"神秘"战斗机是法国达索飞机公司研制的单座喷气式战斗机，1954 年开始服役。

"神秘"战斗机沿用了"暴风雨"的机身，但是为了安装机翼，中部做了一些改动，机翼的后掠角从"暴风雨"的 14° 增大到 30°，机翼的相对厚度也比原来的小。达索飞机公司通过逐步完善性能和发展出各种用途，"神秘"衍生出了多种型号，以满足不同的作战要求。以昼间用的战斗轰炸机改型"神秘"Ⅳ A 为例，其机头下装 2 门 30 毫米机炮，翼下 4 个挂架可挂 4 枚 225 千克的炸弹或 4 具 19 孔 37 毫米火箭发射巢或副油箱。

基本参数	
机身长度	11.7 米
机身高度	4.26 米
翼展	13.1 米
乘员	1 人
空重	5225 千克
最大起飞重量	7475 千克
最大航程	885 千米
最大速度	1060 千米 / 时
最大升限	15250 米

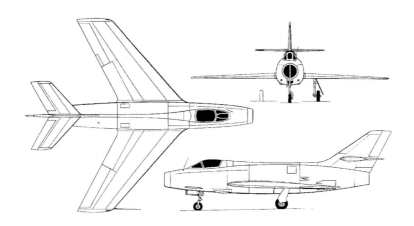

法国"超神秘"（Super Mystere）战斗机

"超神秘"战斗机是法国达索飞机公司研制的超音速战斗机，1955 年 3 月首飞。

"超神秘"战斗机在气动外形上借鉴了美国 F-100"超佩刀"的设计，虽然和"神秘"II 型很相似，实际上却是一架全新的飞机。在安装带加力燃烧室的"阿塔"101 涡喷发动机后，"超神秘"成为西欧各国空军中第一种平飞速度超过音速的战斗机。该机装有 1 门双联发 551 型 30 毫米机炮，翼下可选挂 907 千克火箭弹或炸弹。

基本参数	
机身长度	14.13 米
机身高度	4.6 米
翼展	10.51 米
乘员	1 人
空重	6390 千克
最大起飞重量	10000 千克
最大航程	1175 千米
最大速度	1195 千米 / 时
最大升限	17000 米

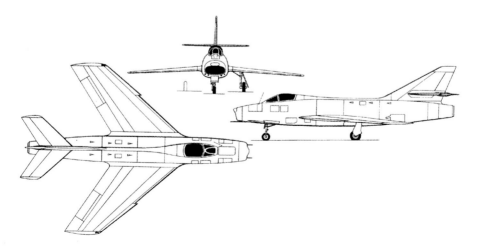

法国"幻影Ⅲ"（Mirage Ⅲ）战斗机

    "幻影Ⅲ"战斗机是法国达索飞机公司研制的单座单发战斗机，1961年开始服役。

    "幻影Ⅲ"战斗机最初被设计成截击机，但随后就发展成兼具对地攻击和高空侦察的多用途战机。与同期战斗机相比，"幻影Ⅲ"具有操作简单、维护方便的优点。该机为无尾翼三角翼单发设计，主要武器包括2门固定30毫米机炮及7个外挂点。挂载的武器除了4枚空对空导弹以外，通常还有炸弹、空对地导弹或空对军舰导弹等。

基本参数	
机身长度	15 米
机身高度	4.5 米
翼展	8.22 米
乘员	1 人
空重	7050 千克
最大起飞重量	13500 千克
最大航程	2400 千米
最大速度	2350 千米／时
最大升限	17000 米

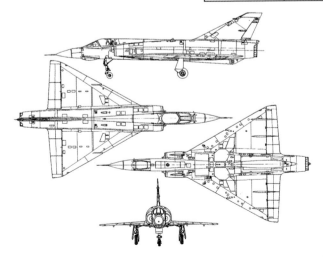

法国"幻影 F1"（Mirage F1）战斗机

　　"幻影 F1"战斗机是法国达索飞机公司研制的空中优势战斗机，1973 年加入法国空军服役。

　　"幻影 F1"战斗机的机载武器包括 2 门 30 毫米机炮，其翼尖可携带 2 枚"魔术"红外制导空对空导弹，翼下的 4 个挂架可挂载 R530 空对空导弹。在执行对地攻击任务时，可在翼下的 4 个挂架和机身挂架上挂载各种常规炸弹、火箭发射器和 1200 升的副油箱。"幻影 F1"还具备空中加油能力。

基本参数	
机身长度	15.3 米
机身高度	4.5 米
翼展	8.4 米
乘员	1 ~ 2 人
空重	7400 千克
最大起飞重量	16200 千克
最大航程	2338 千米
最大速度	3300 千米 / 时
最大升限	20000 米

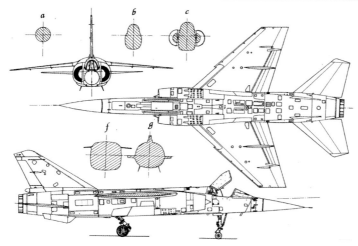

法国 "幻影 5" (Mirage 5) 战斗轰炸机

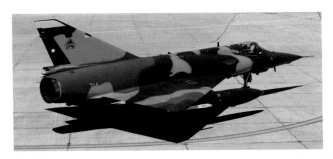

　　"幻影 5" 战斗轰炸机是法国达索飞机公司研制的单座单发战斗轰炸机，1967 年首飞。

　　"幻影 5" 战斗轰炸机主要用于对地攻击，也可执行截击任务。该机是在 "幻影 Ⅲ" E 基础上改型设计的，采用机体和发动机，加长了机鼻，简化电子设备，增加 470 升燃油，提高外挂能力，可在简易机场起落。武器装备为 2 门 30 毫米机炮，7 个外挂点的载弹量达 4000 千克。动力装置为 1 台 SNECMA Atar9C 涡轮喷气发动机，加力推力为 60.8 千牛。

基本参数	
机身长度	15.55 米
机身高度	4.5 米
翼展	8.22 米
乘员	1 人
空重	7150 千克
最大起飞重量	13700 千克
最大航程	4000 千米
最大速度	2350 千米 / 时
最大升限	18000 米

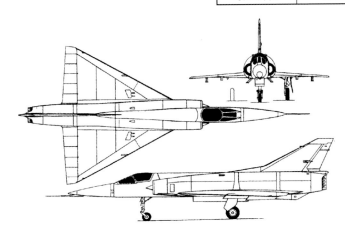

法国"幻影 2000"（Mirage 2000）战斗机

　　"幻影 2000"战斗机是法国达索飞机公司研制的多用途战斗机。

　　"幻影 2000"战斗机重新启用了"幻影Ⅲ"的无尾三角翼气动布局，以发挥三角翼超音速阻力小、结构重量轻、刚性好、大仰角时的抖振小和内部空间大，以及贮油多的优点。但在技术发展的条件下，解决了无尾布局的一些局限。该机共有 9 个武器外挂点，其中 5 个在机身下，4 个在机翼下。各单座型号还装有 2 门德发公司的 30 毫米机炮。

基本参数	
机身长度	14.36 米
机身高度	5.2 米
翼展	9.13 米
乘员	1 人
空重	16350 千克
最大起飞重量	17000 千克
最大航程	3335 千米
最大速度	2530 千米 / 时
最大升限	17060 米

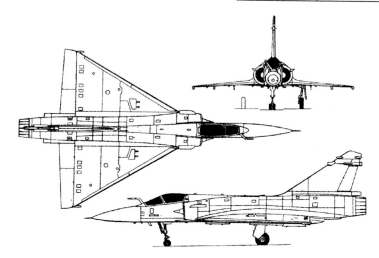

法国"幻影 4000"（Mirage 4000）战斗机

　　"幻影 4000"战斗机是法国达索飞机公司研制的双发重型战斗机，1979
年首飞。

　　"幻影 4000"和"幻影 2000"使用相同
的发动机和武装系统，但与后者相比，它的
全长增加了 20%、翼展增加了 33%、翼面积
增加了 80%、最大起飞重量从 17.5 吨增加到
32 吨，是一款标准的重型制空战斗机。除了
双发和单发的区别外，"幻影 4000"还在进
气道两侧增加了一对固定式前翼而非"幻影
2000"的小型条板翼，它们可以有效地改善
高仰角条件下的气流，并使飞机获得更大的机
动性。

基本参数	
机身长度	18.7 米
机身高度	5.8 米
翼展	12 米
乘员	1 人
空重	13000 千克
最大航程	2000 千米
最大速度	2445 千米 / 时
最大升限	20000 米

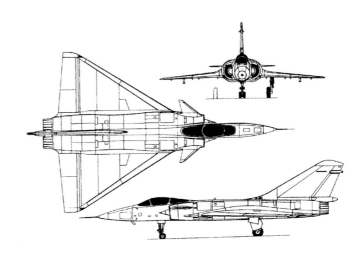

德国"容克斯"D.1(Junkers D.1) 战斗机

"容克斯"D.1 战斗机是德国容克斯公司研制的单座单发单翼战斗机，公司编号为 J9。

D.1 由 1915—1917 年间发展的 J 系列战斗机改进而来，显著特征是外表覆盖波纹蒙皮，这是雨果·容克斯早期设计的飞机的一大共同特点。D.1 原型机参与了 1918 年 5 ~ 8 月在阿德勒霍夫进行的第二轮 D 型战斗机竞标，经测试后被认为完全不适合作为战斗机使用。考虑到该机的全金属结构在机枪火力面前比木质更为坚固，德国飞行部队决定让 D.1 专门用于攻击观测气球。

基本参数	
机身长度	7.25 米
机身高度	2.6 米
翼展	9 米
乘员	1 人
空重	654 千克
最大起飞重量	834 千克
最大速度	225 千米 / 时
最大升限	6000 米
爬升速度	3.5 米 / 秒

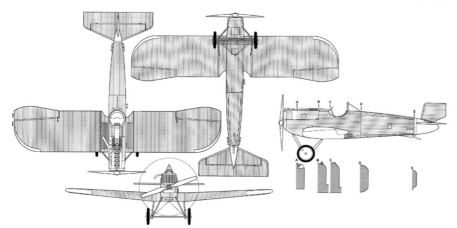

德国"信天翁"D. Ⅲ（Albatros D. Ⅲ）战斗机

　　"信天翁"D. Ⅲ战斗机是德国在"一战"中研制的单座战斗机，1916 年 8 月首飞。

　　从外形上看，D. Ⅲ战斗机的最大特征是有一个纺锤般的流线型木制机身。这种硬壳构造的机身比强度高，中弹后生存性好，且不难制造。"信天翁"系列也因此成为世界上最早成批生产的采用硬壳构造的飞机。D. Ⅲ于 1916 年夏天首次以侦察机的身份出现在战斗中，之后为德军战斗机部队从同盟国手中夺取了西线战场的制空权。

基本参数	
机身长度	7.33 米
机身高度	2.9 米
翼展	9 米
乘员	1 人
空重	695 千克
最大起飞重量	955 千克
最大航程	480 千米
最大速度	175 千米 / 时
最大升限	5500 米

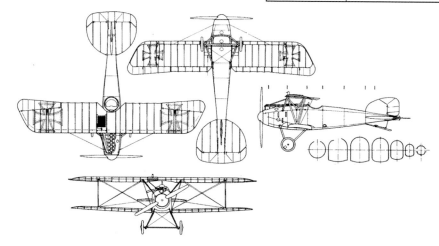

德国"信天翁" D. V (Albatros D. V) 战斗机

"信天翁" D. V是德国在"一战"时研制的单座单发双翼战斗机。

D. V战斗机由非常成功的 D. Ⅲ 战斗机改进而来，由于计划换装的发动机性能不可靠，D. V沿用了 D. Ⅲ 装备的梅赛德斯 D. Ⅲ 发动机的高压缩比改进型，同时还采用阿尔巴特公司标志性的流线型机身以进一步提高飞行性能。D. V在战斗中表现突出，但在持续机动中常常发生空中解体事故。

基本参数	
机身长度	7.33 米
机身高度	2.7 米
翼展	9.05 米
乘员	1 人
空重	687 千克
最大起飞重量	937 千克
最大速度	186 千米 / 时
最大升限	5700 米

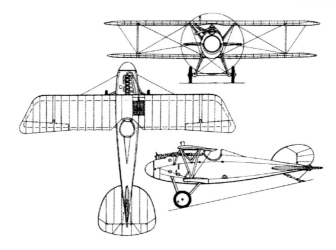

德国 "福克" D. VII (Fokker D. VII) 战斗机

　　"福克" D. VII是德国在 "一战" 中研制的单发单座双翼战斗机，1918 年 1 月首飞。

　　D. VII战斗机采用熔焊钢管机身框架、悬梁机翼等福克引以为豪的设计。自 1918 年 5 月装备第 "一战" 斗机联队的 D. VII战斗机首次出现在前线后，这种飞机就被公认为参战双方最好的战斗 / 侦察机，号称能将优秀飞行员变成王牌飞行员，并为随后十年的所有新手飞行员定下了王牌飞行员标准。

基本参数	
机身长度	6.95 米
机身高度	2.75 米
翼展	8.9 米
乘员	1 人
空重	670 千克
最大起飞重量	906 千克
最大速度	189 千米 / 时
最大升限	6000 米

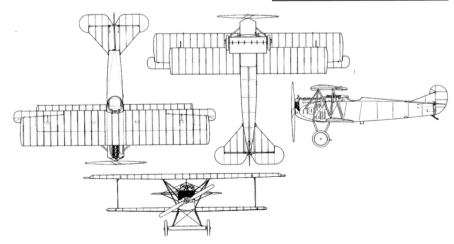

德国"赫伯斯塔特"CL. IV (Halberstadt CL.IV) 战斗机

"赫伯斯塔特"CL. IV 战斗机是德国赫伯斯塔特飞机公司在成功的 CL. II 近距支援战斗机基础上改进的型号，于 1918 年 2 月首飞。

CL 系列的一大特征是有凸出于座舱后和机身相连的环形机枪底座。CL. II 以机动灵活、爬升快、炮手有宽广的视界而闻名。CL. IV 虽然采用和 CL. II 相同的梅赛德斯 D. III 型发动机，但由于降低了空重，性能得到进一步提高。

基本参数	
机身长度	6.54 米
机身高度	2.67 米
翼展	10.74 米
乘员	2 人
空重	728 千克
最大起飞重量	1068 千克
最大速度	165 千米 / 时

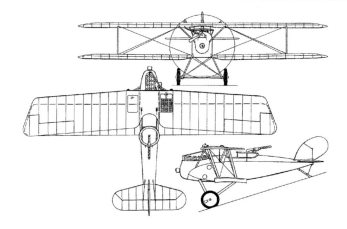

德国 "普法茨" D. Ⅻ (Pfalz D.XII) 战斗机

　　"普法茨" D. Ⅻ是德国普法茨飞机制造厂在 "一战" 时研制的单座单发双翼战斗机。

　　D. Ⅻ型是普法茨公司设计的最后一种战斗机，也是最成功的型号：受 1917 年的 D. Ⅲ型影响，动力装置是 1 台戴姆勒 D. Ⅲ a 型发动机。由于糟糕的操控性，德国空军飞行员并不喜欢 D. Ⅻ，而更愿意使用 "福克" D. Ⅶ。尽管如此，到 1918 年 10 月还是有 180 架 D. Ⅻ发放给了 11 个作战单位，战争的结束很快也结束了普法茨公司生产战斗机的历史。

基本参数	
机身长度	6.35 米
机身高度	2.7 米
翼展	9 米
乘员	1 人
空重	716 千克
最大起飞重量	897 千克
最大速度	170 千米 / 时
最大升限	5639 米

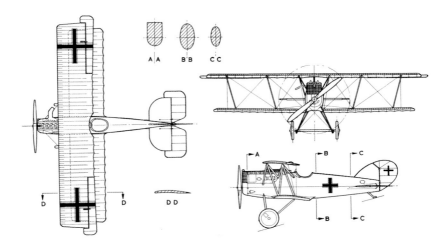

德国 Bf 109 战斗机

Bf 109 是德国梅赛施密特公司研制的单座战斗机，1937 年开始服役。

作为德国在"二战"中的主力战斗机，Bf 109 在设计中采用了当时最先进的空气动力外形和可收放的起落架、可开合的座舱盖、下单翼、自动襟翼等。该机的应用超越了其最初设计目的，并衍生出包括战斗轰炸机、夜间战斗机和侦察机在内的诸多型号。Bf 109 与 1941 年开始服役的 Fw 190 一起成为德国空军的标准战斗机。

基本参数	
机身长度	8.95 米
机身高度	2.6 米
翼展	9.925 米
乘员	1 人
空重	2247 千克
最大起飞重量	3400 千克
最大航程	1000 千米
最大速度	640 千米 / 时
最大升限	12000 米

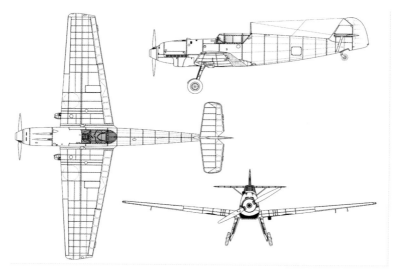

德国 Bf 110 战斗机

Bf 110 是德国于"二战"爆发时研制双发长程战斗机，德国空军称之为驱逐机。

Bf 110 的动力装置为 2 台 DB 601A 液冷式发动机，单台功率为 1085 千瓦。该机的机载武器为 2 门 20 毫米 MG151 机炮、4 挺 7.92 毫米 MG 17 机枪、1 挺 7.92 毫米 MG 812 后射机枪。除了执行长程战斗机与驱逐轰炸机的任务以外，Bf 110 也是德国夜间战斗机的主要使用机种之一。

基本参数	
机身长度	12.3 米
机身高度	3.3 米
翼展	16.3 米
乘员	2 人
最大起飞重量	7790 千克
最大航程	900 千米
最大速度	595 千米 / 时
最大升限	11000 米

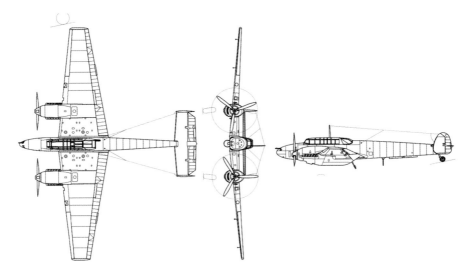

德国 Fw 190 战斗机

　　Fw 190 是德国在"二战"期间研制的单座单发战斗机，1941 年 8 月开始服役。

　　Fw 190 是一种全金属构造的悬臂上反下单翼白昼用战斗机，该机是德国诸多战斗机中少见的同时使用过液冷式与气冷式发动机的设计。Fw 190 的发动机为 14 缸星型活塞发动机，机头较粗，而机尾尖细，机身背部拱起部分是个透明的滑动开启的座舱盖，其后方机身背脊向下倾斜，故下视、后视视界良好。

基本参数	
机身长度	10.2 米
机身高度	3.35 米
翼展	10.5 米
乘员	1 人
空重	3490 千克
最大起飞重量	4840 千克
最大航程	835 千米
最大速度	685 千米 / 时
最大升限	12000 米
爬升速度	17 米 / 秒

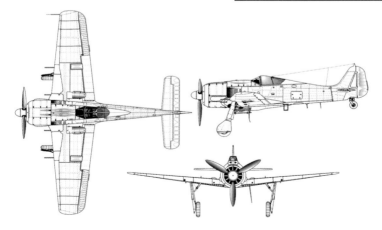

德国 Me 262 战斗机

Me 262 战斗机是世界上第一种投入实战的喷气式飞机，1944 年 4 月开始服役。

Me 262 战斗机是一种全金属半硬壳结构轻型飞机，流线型机身有一个三角形的断面，机头集中装备 4 门 30 毫米机炮和照相枪。近三角形的尾翼呈十字相交于尾部，2 台轴流式涡轮喷气发动机的短舱直接安装在后掠的下单翼的下方，前三点起落架可收入机内。作为新型动力装置，Me 262 采用的是容克公司的尤莫 109-004 型发动机，海平面静止推力为 8.37 千牛。

基本参数	
机身长度	10.6 米
机身高度	3.5 米
翼展	12.51 米
乘员	1 人
空重	3800 千克
最大起飞重量	6400 千克
最大航程	1050 千米
最大速度	870 千米 / 时
最大升限	11450 米

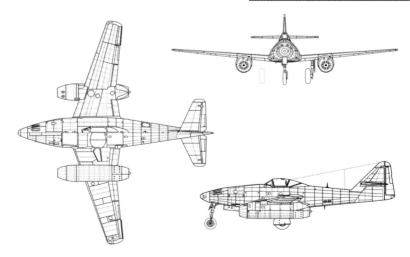

德国 He 162 战斗机

He 162 是"二战"时德国第二种量产的喷气式战斗机，1945 年开始服役。

德国最初希望 He 162 能以简单的设计大量生产，配合低飞行训练时间的飞行员拦截美国的轰炸机群。1945 年年初，He 162 已经有 100 架出厂，大规模生产计划也进入成熟阶段，可是飞行员训练进度慢加上燃料短缺，使得 He162 并没有规划中的大量飞行员来操作，到"二战"结束时 He 162 战斗机并未发挥原先设计的功能，也没有确切的作战记录。

基本参数	
机身长度	9.05 米
机身高度	2.6 米
翼展	7.2 米
乘员	1 人
空重	1660 千克
最大起飞重量	2800 千克
最大航程	975 千米
最大速度	790 千米 / 时
最大升限	12000 米

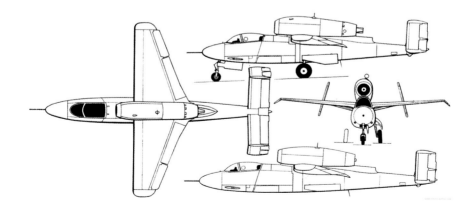

德国 He 219 战斗机

He 219 是德国亨克公司制造的世界上第一款安装弹射座椅的战斗机，也是"二战"期间德国空军最优秀的夜间战斗机。

He 219 战斗机拥有许多先进设备，包括增压座舱、遥控炮塔等，而且还是德军第一架装备前三点式起落架的实用作战飞机和世界上第一架安装弹射座椅的军用飞机。该机具有操作灵活、速度快、火力强大的特点，是"二战"时期德军唯一可以在各方面都足以抗衡英国"蚊"式飞机的活塞式夜间战斗机。

基本参数	
机身长度	15.5 米
机身高度	4.4 米
翼展	18.5 米
乘员	2 人
最大起飞重量	13580 千克
最大航程	1540 千米
最大速度	616 千米 / 时
最大升限	9300 米

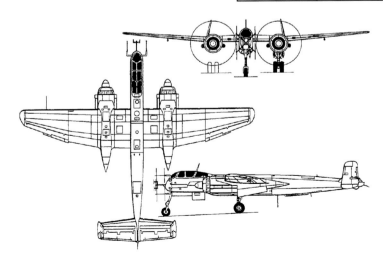

德国 Ta 152 战斗机

　　Ta 152 是德国在"二战"末期由 Fw 190 发展而来的一种高空高速活塞战斗机。Ta 152 装有 1 门 30 毫米 MK108 航炮（备弹 90 发）、2 门 20 毫米 MG151/20 航炮（各备弹 175 发）。与作为"快速解决方案"的 Fw 190D 相比，Ta 152 是作为"最终解决方案"的极致之作。由于诞生时期偏晚，生产数量太少，并未在战争中发挥太大作用。但其优良的性能仍获得了认可，与 P−51H、"喷火"XIV 一起被誉为终极活塞式战斗机，其各项飞行性能已经接近活塞式战斗机的极限。

基本参数	
机身长度	10.82 米
机身高度	3.36 米
翼展	14.44 米
乘员	1 人
空重	4031 千克
最大起飞重量	5217 千克
最大航程	2000 千米
最大速度	759 千米 / 时
最大升限	15100 米

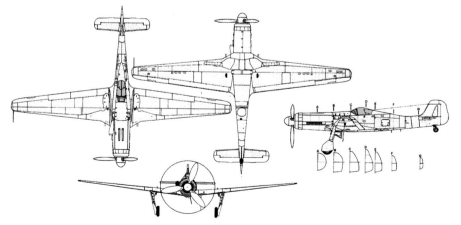

意大利 G.91 战斗机

　　G.91 是意大利菲亚特公司应北约要求所研制的轻型战斗机，为意大利在"二战"后第一种自行研制的喷气式战斗机。

　　G.91 战斗机采用 1 台英国制喷气式发动机，推力为 22.2 千牛。机载武器为机头的 4 挺 12.7 毫米口径勃朗宁 M2 重机枪，另可挂载 680 千克的炸弹等各种空用武器。联邦德国使用的型号将 4 挺重机枪换成了 2 门 30 毫米机炮。

基本参数	
机身长度	10.3 米
机身高度	4 米
翼展	8.58 米
乘员	1 人
空重	3100 千克
最大起飞重量	5500 千克
最大航程	1150 千米
最大速度	1075 千米 / 时
最大升限	13100 米

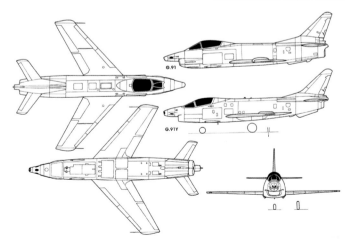

瑞典 SAAB 29 "圆桶" (Tunnan) 战斗机

　　SAAB 29 瑞典萨博公司研制的单发单座轻型喷气式战斗机，1950 年开始服役。

　　SAAB 29 的武器装备为 4 门 20 毫米机炮，翼下有 4 个挂架。由于主起落架距地高度太低，SAAB 29 的机腹下无法挂载武器设备，也就没有安装机腹挂架。该机的动力装置为 1 台 RM2A 喷气发动机，加力推力为 27.5 千牛。虽然外形不佳，但 SAAB 29 的机动性能颇为优良。

基本参数	
机身长度	11 米
机身高度	3.75 米
翼展	10.23 米
乘员	1 人
空重	4845 千克
最大起飞重量	8375 千克
最大航程	1100 千米
最大速度	1060 千米 / 时
最大升限	15500 米

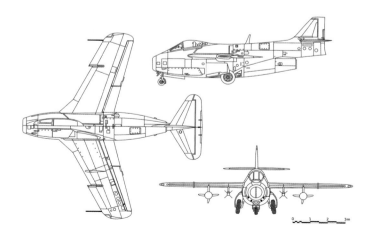

瑞典 SAAB 35 "龙"（Draken）式截击机

SAAB 35 "龙"式是瑞典萨工博公司研制的多用途超音速截击机，1955年10月首飞，1960年开始服役。

SAAB 35 截击机采用特殊的无尾、双三角翼翼身融合体布局，三角形的发动机进气口布置在翼根部，采用大后掠垂直尾翼，并在其前方设有一个小型三角形天线，有利于避免失速。第一种生产型安装了 2 门 30 毫米机炮，可以携带"响尾蛇"空对空导弹进行空战。

基本参数	
机身长度	15.34 米
机身高度	3.87 米
翼展	9.42 米
乘员	1 人
空重	6590 千克
最大起飞重量	10508 千克
最大航程	3250 千米
最大速度	1900 千米 / 时
最大升限	18000 米

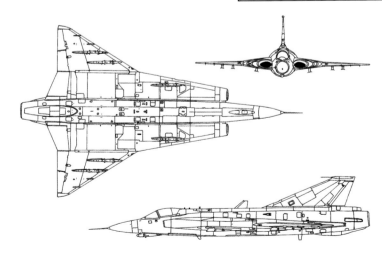

西班牙 HA-1112 "鹈鹕"（Buchon）战斗轰炸机

　　HA-1112 "鹈鹕" 是西班牙希斯帕诺公司研制的战斗轰炸机，1954 年首飞，1965 年退役。

　　虽然 HA-1112 在尚未服役之前就已经落后于问世不久的喷气式战斗机，但西班牙人仍然认为这种飞机是一种优秀的战斗轰炸机。HA-1112 的机翼上装有 2 门 20 毫米机炮，机身和翼下可挂载多种炸弹或火箭弹。动力装置为 1 台劳斯莱斯 "灰背隼" 500-45 发动机，输出功率为 1217 千瓦。

基本参数	
机身长度	8.49 米
机身高度	2.6 米
翼展	9.92 米
乘员	1 人
空重	2475 千克
最大起飞重量	3200 千克
最大航程	690 千米
最大速度	1900 千米 / 时
最大升限	9800 米

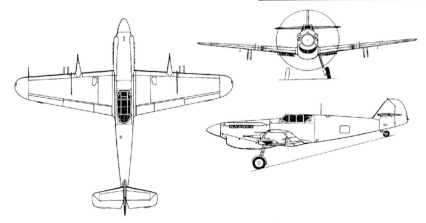

"狂风"（Tornado）战斗机

    "狂风"是由德国、英国和意大利联合研制的双发战斗机，1979 年开始服役。

    "狂风"战斗机采用串列式双座、可变后掠悬臂式上单翼设计。后机身内并排安装 2 台涡轮风扇发动机，进气道位于翼下机身两侧。后机身上部两侧各装有一块减速板，可在高速飞行中使用。"狂风"战斗机有多个型号，武器各有差异。以 IDS GR.4 型号为例，其机载武器除 27 毫米毛瑟 BK-27 机炮外，机身和机翼下的 7 个挂架可挂载各种导弹、炸弹和火箭弹等。

基本参数	
机身长度	16.72 米
机身高度	5.95 米
翼展	13.91 米
乘员	2 人
空重	13890 千克
最大起飞重量	28000 千克
最大航程	3890 千米
最大速度	2417 千米 / 时
最大升限	15240 米

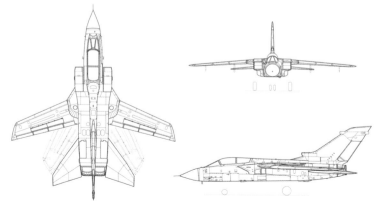

加拿大 CF-100 "加拿大人" (Canuck) 战斗机

CF-100 "加拿大人" 是阿弗罗加拿大公司设计的喷气式战斗机,除了装备加拿大空军外,还出口比利时。

1945 年加拿大提出研制一种全天候战斗机,1946 年阿弗罗加拿大公司提出设想,1949 年完成第一架原型机,1950 年 1 月首飞,1952 年开始服役。CF-100 战斗机的机载武器为 8 挺 12.7 毫米机枪,动力装置为 2 台 Orenda 9 发动机,单台推力为 28.9 千牛。

基本参数	
机身长度	16.5 米
机身高度	4.4 米
翼展	17.4 米
乘员	2 人
空重	10500 千克
最大起飞重量	16329 千克
最大航程	3200 千米
最大速度	888 千米 / 时
最大升限	13700 米

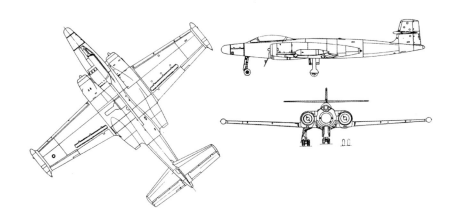

以色列"幼狮"（Kfir）战斗机

　　"幼狮"是以色列航太工业有限公司研制的单座单发战斗机，1976年开始服役。

　　"幼狮"战斗机的机身采用全金属半硬壳结构，机头锥用以色列国产的复合材料制成。"幼狮"C2型在机头锥靠近尖端的两侧各装有一小块水平边条，可以有效改善偏航时的机动性能和大迎角时机头上的气流。机身下的前轮舱的前方装有超高频天线。在C2型的后期生产批次中，改用了性能更加先进的EL/M-2001B雷达，因此机头加长，前翼也加大，主翼前襟翼的翼展增加40%。

基本参数	
机身长度	15.65 米
机身高度	4.55 米
翼展	8.22 米
乘员	1 人
空重	7285 千克
最大起飞重量	16200 千克
最大航程	3232 千米
最大速度	2440 千米 / 时
最大升限	17680 米

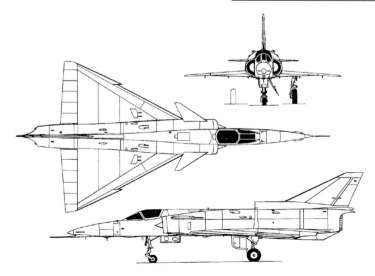

以色列 "狮"（Lavi）式战斗机

　　"狮"式战斗机是以色列航太工业公司研制的单座战斗机，1986 年 12 月首飞，翌年研发计划被取消。

　　"狮"式战斗机采用了三角翼布局与可操作的前端鸭翼。该机最显著的优点是它的新功能设备，特别是座舱完全使用主动式电脑飞行仪表。借其运作让飞行员处理战术方面的战斗，而不必担心监测和控制的各飞行子系统。航空电子设备方面，"狮"式战斗机被认为具有创新性和突破性，其中包括自我分析设备，使维护更加容易。

基本参数	
机身长度	14.57 米
机身高度	4.78 米
翼展	8.78 米
乘员	1 人
空重	7031 千克
最大起飞重量	19277 千克
最大航程	3700 千米
最大速度	1965 千米 / 时
最大升限	15240 米

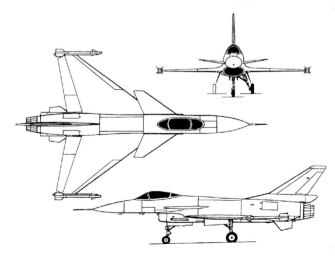

南非"猎豹"（Cheetah）战斗机

"猎豹"是南非阿特拉斯公司在"幻影Ⅲ"基础上改进而来的战斗机。

除了一个加长的机鼻外，"猎豹"在气动布局方面的修改包括：机鼻两侧装上可以防止在"高攻角"下脱离偏航的"幼狮"式小边条，一对固定在进气道的三角鸭翼、锯齿形外翼前缘和代替前缘翼槽的短翼刀。双座机型也会在驾驶舱下两侧加上曲线边条。机体结构上的修改着重于延长主翼梁的最低寿命（800 小时）。

基本参数	
机身长度	15.55 米
机身高度	4.5 米
翼展	8.22 米
乘员	1 人
空重	6600 千克
最大起飞重量	13700 千克
最大航程	1300 千米
最大速度	2350 千米 / 时
最大升限	17000 米

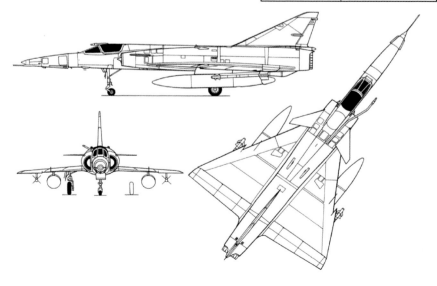

印度 HF-24 "风神" (Marut) 战斗机

　　HF-24 "风神" 是印度空军为了在航空方面自给自足而研制的国产多用途战机，1961 年 6 月首飞。

　　HF-24 安装的是 2 台印度斯坦航空公司自制的布里斯托尔 "奥菲斯" 703 涡喷发动机，具有动力不足的缺陷。该机机身前部装有 4 门 "阿登" 20 毫米机炮，翼下 4 个挂架最大可挂载 1814 千克炸弹或火箭吊舱。尽管 HF-24 的性能并不优秀，但是 "风神" 计划也为印度航空工业打下了基础。

基本参数	
机身长度	25.87 米
机身高度	3.6 米
翼展	9 米
乘员	1 人
空重	6195 千克
最大起飞重量	10908 千克
最大航程	772 千米
最大速度	1134 千米 / 时
最大升限	13750 米

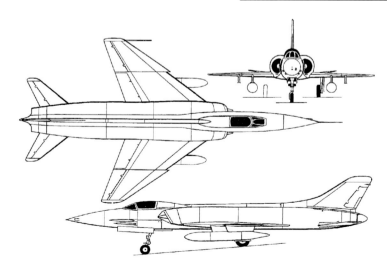

印度"无敌"（Ajeet）战斗机

"无敌"是印度斯坦航空公司研制的单座战斗机，1977年开始服役。

"无敌"由英国"蚊蚋"战斗机改进而来，两者虽然外形相同，但部件有40%不同。"无敌"的机重增加了136千克，称得上是一种新型的战斗机。该机强化了控制平尾的液压系统，增加主翼内的整体油箱并重新安排机身油箱，总容量达1350升，主翼下的4个挂架可全挂炸弹以增强对地攻击力，机体寿命由"蚊蚋"的5000小时增加到8350小时。由于任务的变化，"无敌"的火控设备也全部进行了更新。

基本参数	
机身长度	9.04 米
机身高度	2.46 米
翼展	6.73 米
乘员	1 人
空重	2307 千克
最大起飞重量	4173 千克
最大速度	1152 千米 / 时
作战半径	172 千米
最大升限	13720 米

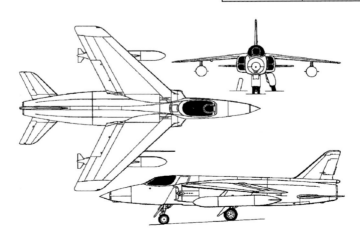

埃及 HA-300 战斗机

HA-300 是埃及研制的轻型超音速战斗机，1964 年 3 月首飞，1969 年开始服役。

HA-300 最初是一架无尾三角翼布局的飞机，由 1 台布里斯托尔·西德利"奥菲厄斯"B.Or.12 涡喷发动机提供动力。到了埃及之后工程师修改了气动布局，在机身后部安装了水平尾翼。修改后的 HA-300 外形看起来有点像 MiG-21。HA-300 主要的空战武器是 4 枚红外格斗导弹，以及 2 门希斯帕诺 30 毫米机炮。

基本参数	
机身长度	12.4 米
机身高度	3.15 米
翼展	5.84 米
乘员	1 人
空重	3200 千克
最大起飞重量	5443 千克
最大速度	2124 千米 / 时
最大航程	1400 千米
最大升限	18000 米

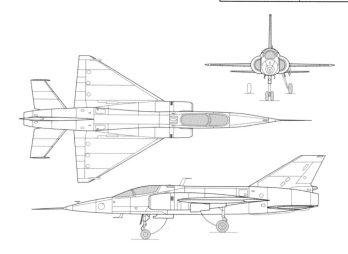

日本 A6M "零"（Zero）式战斗机

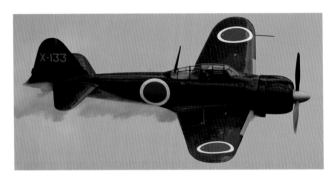

A6M "零" 式是日本在 "二战" 期间装备的主力舰载战斗机，1940 年 7 月开始服役。

A6M "零" 式战斗机代表了 "二战" 前日本航空工业的最高水平。该机曾经在 "二战" 初期创下所谓的 "零" 式战斗机神话，被视为不可能被击败的无敌战机，但后来其性能逐渐被美军服役的新式战机超越，到 "二战" 后期已经沦为美军战斗机争相猎杀的目标。"零" 式的主要优点包括：非常低的翼负荷，带来优异的水平面回转能力。比同时期战机更高的航程。中高度以下良好的爬升速度。火力较强的 20 毫米机炮。

基本参数	
机身长度	9.06 米
机身高度	3.05 米
翼展	12 米
乘员	1 人
空重	1680 千克
最大起飞重量	5443 千克
最大速度	660 千米 / 时
最大航程	3105 千米
最大升限	10000 米
爬升速度	15.7 米 / 秒

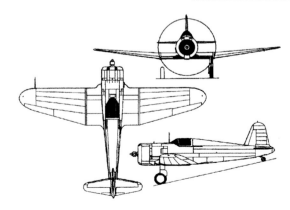

日本 J1N1 "月光"（Gekko）战斗机

J1N1 "月光"是日本在"二战"中后期使用的一种夜间战斗机。

"月光"是日军第一种安装斜炮的截击机，后来有很多陆上侦察机也被改造成了"月光"。该机曾给美军的 B–17 与 B–24 造成很大损失，美军还曾被迫在"月光"威胁严重的地区停止使用 B–17 与 B–24 进行夜间巡逻和骚扰。在战争末期，"月光"还用于在夜间对美军舰艇展开自杀式攻击。

基本参数	
机身长度	12.18 米
机身高度	4.56 米
翼展	16.98 米
乘员	2 人
空重	4480 千克
最大起飞重量	8184 千克
最大航程	2545 千米
最大速度	507 千米 / 时

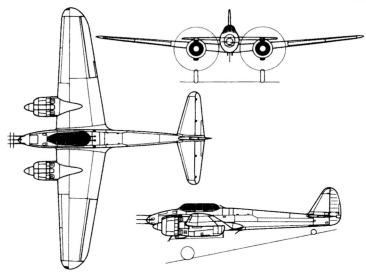

日本 N1K "紫电"（Shiden）战斗机

N1K "紫电" 是日本在 "二战" 时研制的单座单发轻型战斗机。

"紫电" 在其设计中大胆采用了世界上尚未完全推广的层流翼型和自动收放空战襟翼，其中自动收放空战襟翼能借助不太复杂的机构使飞机在各种速度状态下都能获得相应的最佳襟翼偏转角和升阻比。"紫电" 安装了 4 门 20 毫米机炮，续航性能良好，是 "二战" 后期唯一能与美国海军主力战机 F6F 相抗衡的日本战斗机。

基本参数	
机身长度	9.3 米
机身高度	3.9 米
翼展	12 米
乘员	1 人
空重	2656 千克
最大起飞重量	4860 千克
最大航程	2395 千米
最大速度	658 千米 / 时
最大升限	10800 米

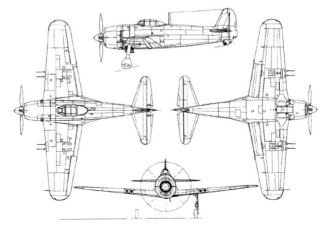

日本 A7M "烈风"（Reppū）战斗机

A7M "烈风" 是日本在 "二战" 末期开发的全金属结构战斗机。

"烈风" 火力较强，其机载武器包括安装在机翼中的 2 挺 13.2 毫米机枪和 2 门 20 毫米机炮。该机使用了许多革新设计，其中包括自封闭式油箱、装甲座舱以及防弹风挡。为了追求更好的机动性能，该机还安装了类似于 "紫电" 的空战襟翼。首个型号 A7M1 的高空性能较差，改进型 A7M2 的高空性能大大增强，在 6600 米高空的最大速度达到了 627 千米/时。

基本参数	
机身长度	10.99 米
机身高度	4.28 米
翼展	14 米
乘员	1 人
空重	3226 千克
最大起飞重量	4720 千克
最大航程	1240 千米
最大速度	627 千米/时
最大升限	10900 米

日本 Ki-43 "隼" (Hayabusa) 战斗机

Ki-43 "隼" 是中岛飞机公司于 1937 年 12 月在日本陆军的指示下开发的单发单座战斗机。

"隼" 主要用于替代九七式战斗机。当时日本军方要求该机的最大速度为 500 千米 / 时，并能够在 5 分钟内爬升到 5000 米高度，且装备 2 挺 7.7 毫米机枪，续航距离必须超过 800 千米。该机的整体设计上除了加入可收放式起落架设计以外，基本结构大多与九七式战斗机相同。

基本参数	
机身长度	8.92 米
机身高度	3.27 米
翼展	10.84 米
乘员	1 人
空重	1910 千克
最大起飞重量	2925 千克
最大航程	1760 千米
最大速度	530 千米 / 时
最大升限	11200 米

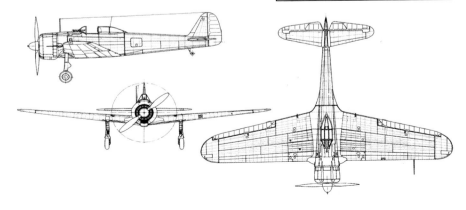

日本 Ki-44 "钟馗" (Shoki) 战斗机

　　Ki-44 "钟馗" 是日本在 "二战" 中研制的高空拦截型战斗机。

　　日本原定 "钟馗" 作为高空拦截战机使用，以克制美军轰炸机。但是后来发现其性能不足，所以在一型乙开始换装轰炸机用的 Ha-109 引擎，"钟馗" 于试飞期间的模拟作战曾经击败川崎重工的 Ki-60 及德国引进的 Bf 109E 战斗机。在 "二战" 后期，"钟馗" 成为日本本土被轰炸的防御主力。

基本参数	
机身长度	8.84 米
机身高度	3.12 米
翼展	9.45 米
乘员	1 人
空重	2106 千克
最大起飞重量	2998 千克
最大航程	1760 千米
最大速度	605 千米 / 时
最大升限	11200 米

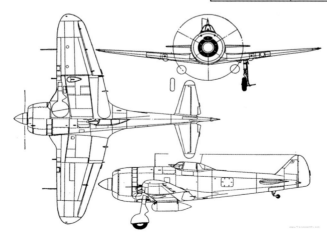

日本 Ki-61 "飞燕"(Hien) 战斗机

Ki-61 "飞燕"是日本在 "二战" 中唯一一款量产的液冷式活塞引擎战机。

"飞燕"于 1943 年 7 月在南太平洋新几内亚战场上投入实战，但由于日军不熟悉复杂的液冷发动机，所以发动机维修需要的材料完全只能依靠船运，因此，在后勤补给困难时大部分的 "飞燕" 都处于故障待补给状态。在 "二战" 后期，美军开始以 B-29 轰炸机轰炸日本本土，由于部署在本土的 "飞燕" 后勤补给方便，所以妥善率较高。于是，这些 "飞燕" 开始成为日本对付 B-29 轰炸机的主力。

基本参数	
机身长度	8.94 米
机身高度	3.7 米
翼展	12 米
乘员	1 人
空重	2630 千克
最大起飞重量	3470 千克
最大航程	580 千米
最大速度	580 千米/时
最大升限	11600 米

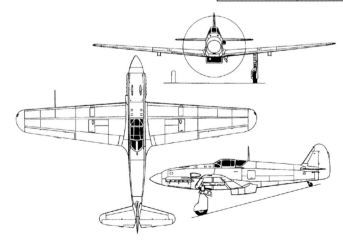

日本 Ki-84 "疾风" (Hayate) 战斗机

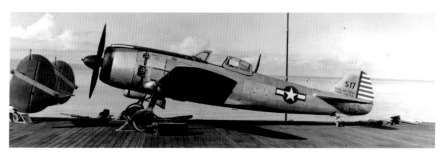

　　Ki-84 "疾风"是日本在"二战"中表现最出色的战机之一，在中、低空高度有较强的机动性能。

　　"疾风"综合吸收了"隼"式、九七式以及"钟馗"等陆军战机的制造技术，具备了较强的飞行性能。"疾风"的主要特征有以下几点：着陆速度低，非常容易着陆。采用了 170 千克 / 平方米的高翼载值。地面维护简便。航炮性能可靠。同时具备良好的爬升速度、平飞速度和较强的火力。适合大量生产。

基本参数	
机身长度	9.92 米
机身高度	3.39 米
翼展	11.24 米
乘员	1 人
空重	2660 千克
最大起飞重量	3890 千克
最大航程	2168 千米
最大速度	631 千米 / 时
最大升限	10500 米

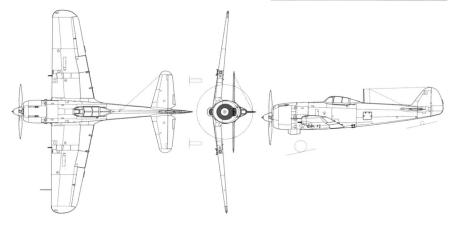

日本 F-1 战斗机

F-1 是日本在"二战"以后设计的第一种战斗机。

F-1 装有 1 门 20 毫米 JM61A1 机炮，另有 5 个外挂点，可挂载副油箱、炸弹、火箭、导弹等，总载弹量为 2710 千克。动力装置为 2 台 TF40-IHI-801A 涡扇发动机，单台推力为 31.36 千牛。F-1 典型的作战任务为携带 2 枚 ASM-1 反舰导弹及 1 个 830 千克副油箱，以高 – 低 – 低 – 高剖面进行反舰任务，作战半径为 550 千米。如使用低 – 低剖面，半径减少到约 370 千米。所有任务中通常在翼尖挂架上挂载 2 枚 AIM-9 导弹。

基本参数	
机身长度	17.85 米
机身高度	4.45 米
翼展	7.88 米
乘员	1 人
空重	6358 千克
最大起飞重量	13700 千克
最大航程	2870 千米
最大速度	1700 千米 / 时
最大升限	15240 米

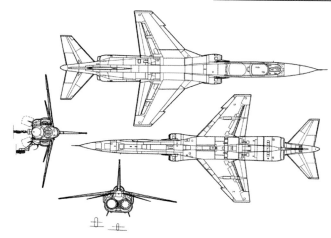

第 3 章
攻击机

　　攻击机具有良好的低空操作性、安定性和搜索地面小目标的能力，可配备种类较多的对地攻击武器，主要用于低空、超低空突击战术或浅近战役纵深内的目标，直接支援地面部队作战。

美国 A-1 "天袭者"（Skyraider）攻击机

A-1"天袭者"是美国道格拉斯公司研制的螺旋桨攻击机，1946年开始服役。

A-1 采用全金属半硬壳式铝合金结构机身，全金属悬臂式下单翼，机翼为梯形平直翼。机翼上反角 6°，安装角 4°。A-1 绝大多数型号都安装莱特 R-3350 "双旋风"双排气冷 18 缸星型发动机，具有水-甲醇喷射加力系统，可以减少空气入口温度。A-1 装有 2 门 20 毫米 M3 机炮，每门备弹 200 发。全机共有 15 个挂架，理论上总挂载能力为 6622 千克。

基本参数	
机身长度	11.84 米
机身高度	4.78 米
翼展	7.88 米
乘员	1 人
空重	6622 千克
最大起飞重量	11340 千克
最大航程	2115 千米
最大速度	518 千米 / 时
最大升限	8685 米

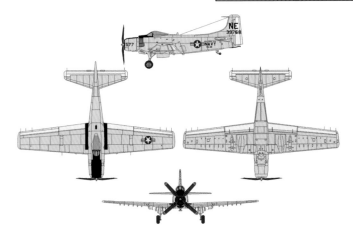

美国 A-2 "野蛮人"（Savage）攻击机

A-2 "野蛮人"是北美飞机公司研制的舰载攻击机，1950 年开始服役。

"二战"结束后不久，美国海军便开始着手研制具有核打击能力的舰载攻击机，第一种满足这种要求的飞机便是 A-2 攻击机。该机无防御性固定武器，腹下大型内藏闭合式弹仓，可搭载足以歼灭整个海面舰队的原子武器，平时也可搭载一般性深水炸弹、火箭、反潜火箭等武器装备。A-2B 取消了原有水平尾翼的上反角，加大了垂直尾翼面积。

基本参数	
机身长度	19.2 米
机身高度	6.2 米
翼展	21.8 米
乘员	3 人
空重	12500 千克
最大起飞重量	23161 千克
最大航程	2787 千米
最大速度	758 千米 / 时
最大升限	12440 米

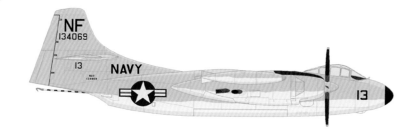

美国 A-3 "空中战士" (Skywarrior) 攻击机

  A-3 "空中战士"是美国道格拉斯公司研制的舰载重型攻击机，1956 年开始服役。

  A-3 "空中战士"是美国海军第一代喷气式舰载攻击机，它的出现使混合动力的 A-2"野蛮人"黯然失色。在 "北极星" 导弹核潜艇服役以前，A-3 一直充当着美国海军核打击能力的主力角色。受益于重型机身的设计，后来又发展出电子战、侦察、空中加油等多项改型。A-3 系列的服役时间长达 40 年，直到今天仍有部分特殊型号在某些场合发挥余热。

基本参数	
机身长度	23.36 米
机身高度	6.94 米
翼展	22.1 米
乘员	1 人
空重	17876 千克
最大起飞重量	37195 千克
最大航程	3380 千米
最大速度	981 千米 / 时
最大升限	12500 米

美国 A-4 "天鹰" (Skyhawk) 攻击机

A-4 "天鹰"是美国道格拉斯公司设计的单座舰载攻击机，1956 年开始服役。

A-4 的机翼根部下侧装有 2 门 20 毫米 MK-12 火炮，每门备弹 200 发。该机上有 5 个外挂点，机身下和两翼下各有 1 个武器挂架，可挂载普通炸弹、空地导弹和空空导弹，最大载弹量为 4150 千克。动力装置为 1 台普惠 J52-P-408A 发动机，最大推力为 51 千牛。由于载弹量大、维护简单、出勤率高，A-4 在几次局部战争中都有上佳的表现。

基本参数	
机身长度	12.22 米
机身高度	4.57 米
翼展	8.38 米
乘员	1 人
空重	4750 千克
最大起飞重量	11136 千克
最大航程	3220 千米
最大速度	1077 千米 / 时
最大升限	12880 米

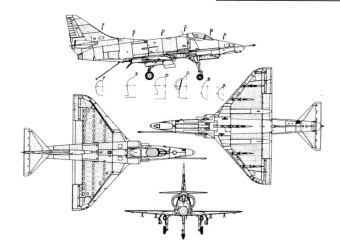

美国 A-5 "民团团员"(Vigilante) 攻击机

　　A-5 "民团团员"是为美国海军设计的超音速攻击机，1961 年开始服役。

　　根据设计要求，A-5 实际上是一种超音速核轰炸机，也是美国最大最重的舰载飞机，其最大载弹量达 5.2 吨，最大起飞重量近 32 吨。该机的动力装置为 2 台 J79-GE-10 涡轮喷气发动机，单台最大推力为 52.8 千牛，加力推力为 79.6 千牛。尽管增加了下垂前缘和吹气襟翼等增升设施，A-5 仍然只能在"中途岛"级大型航空母舰上起降。

基本参数	
机身长度	23.32 米
机身高度	5.91 米
翼展	16.16 米
乘员	2 人
空重	14870 千克
最大起飞重量	21605 千克
最大航程	2909 千米
最大速度	2123 千米 / 时
最大升限	15880 米

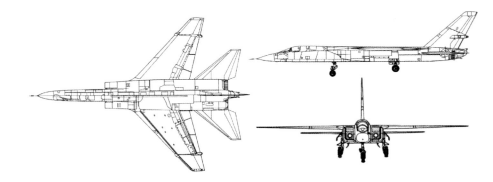

美国 A-6 "入侵者"(Intruder) 攻击机

A-6 "入侵者"是美国格鲁曼公司生产的全天候重型舰载攻击机，1963 年开始服役。

除具有传统攻击能力外，A-6 在设计上也具有携带并发射核子炸弹的能力，但该功能从未使用过。A-6 能够在任何恶劣的天气中超低空飞行，穿过敌方的搜索雷达网，正确地摧毁敌军阵地、目标。虽然 A-6 已退出美军现役的作战序列，但由 A-6 所改装的电子作战机——EA-6B 在 2013 年时仍旧活跃于美军航母上。

基本参数	
机身长度	16.69 米
机身高度	4.93 米
翼展	16.15 米
乘员	2 人
空重	12525 千克
最大起飞重量	26580 千克
最大航程	5222 千米
最大速度	1040 千米 / 时
最大升限	12400 米

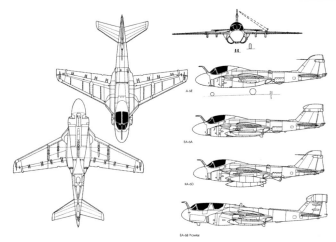

美国 A-7 "海盗Ⅱ" (Corsair Ⅱ) 攻击机

　　A-7 "海盗Ⅱ" 是美国沃特飞机公司研制的单座亚音速攻击机，1967 年开始服役。

　　A-7 的机体设计源自 F-8 "十字军" 超音速战斗机，它是第一架配备有现代抬头显示器、惯性导航系统与涡扇发动机的作战机种。A-7A 是第一种量产机型，配备 1 部 AN/APN-153 导航雷达及 1 部 AN/APQ-99 对地攻击雷达。早期美国海军的 A-7A 均配有 2 门 20 毫米机炮与 500 发弹药。虽然 A-7 理论上的最大载弹量为 6804 千克，但受到最大起飞重量的限制，一旦采用最大载弹量则必须严格限制机内装油量。

基本参数	
机身长度	14.06 米
机身高度	4.89 米
翼展	11.80 米
乘员	1 人
空重	8972 千克
最大起飞重量	19050 千克
最大航程	2485 千米
最大速度	1065 千米 / 时
最大升限	14780 米

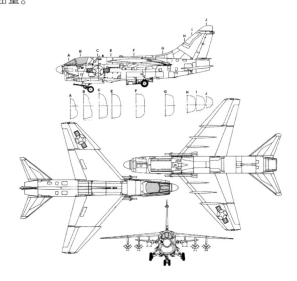

美国 A-10 "雷电 II" (Thunderbolt II) 攻击机

A-10 "雷电 II" 是美国费阿柴尔德工业公司研制的双发单座攻击机，1977 年开始服役。

A-10 是美国空军现役唯一负责提供对地面部队的密接支援任务的机种，包括攻击敌方坦克、武装车辆、重要地面目标等。该机采用无后掠角的平直下单翼，机身的装甲防护极强，座舱由 38 毫米防弹钢制作而成，在机腹上也有 50 毫米厚的装甲，全机重达 550 千克的装甲防护使其能够抵抗 23 毫米机炮的打击。A-10 安装了 1 门 30 毫米的 GAU-8 型 7 管机炮，另有 11 个外挂架，最大载弹量为 7258 千克。

基本参数	
机身长度	16.16 米
机身高度	4.42 米
翼展	17.42 米
乘员	1 人
空重	11321 千克
最大起飞重量	23000 千克
最大航程	4150 千米
最大速度	706 千米 / 时
最大升限	13700 米

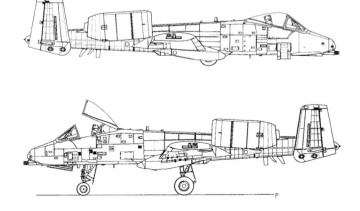

美国 A-12 "复仇者Ⅱ"（Avenger Ⅱ）攻击机

  A-12 "复仇者Ⅱ"是由美国麦克唐纳·道格拉斯公司和通用动力公司合作发展的一种隐形攻击机，其研发计划最终因预算超支等问题被取消。

  A-12 是美国海军首架以深入敌境进行长程打击任务为设计目标的攻击机，也是第一架由美国海军投资研发的隐形舰载机。基于隐形深入打击的作战需求，A-12 被设计成全三角翼飞机，没有垂直或水平尾翼。从结构来看，内侧主翼的截面厚实，以容纳武器舱、驾驶舱、发动机和燃料箱，并结合两侧较薄且可折叠的外侧机翼，利于航舰上的操作和收放。

基本参数	
机身长度	11.5 米
机身高度	3.4 米
翼展	21.4 米
乘员	2 人
空重	17700 千克
最大起飞重量	36300 千克
最大航程	1480 千米
最大速度	930 千米 / 时
最大升限	12200 米

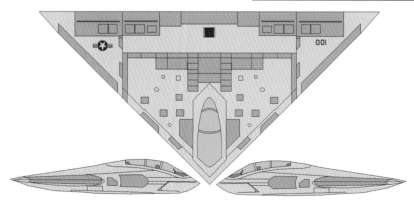

美国 A-37 "蜻蜓"(Dragonfly) 攻击机

A-37 "蜻蜓"是以 T-37 "鸣鸟"教练机为基础开发的攻击机,1963 年 11 月首飞。

A-37 的低空机动性较好,其动力装置为 2 台 J85-EG-17A 发动机,单台推力为 12.7 千牛。该机的机载武器为 1 挺 7.62 毫米 GAC-2B/A 六管机枪,射速为 3000 ~ 6000 千发 / 分,备弹 1500 发。翼下 8 个挂架可挂载各种炸弹、火箭巢,最大载弹量为 2100 千克。凭借优异的低空机动性和高出击率,A-37 在 20 世纪 60 年代的局部战争中发挥了极大威力。

基本参数	
机身长度	8.62 米
机身高度	2.7 米
翼展	10.93 米
乘员	2 人
空重	2817 千克
最大起飞重量	6350 千克
最大航程	1480 千米
最大速度	816 千米 / 时
最大升限	12730 米

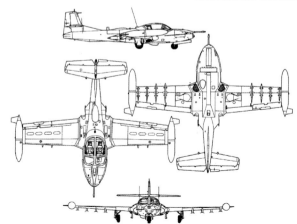

美国 AC-47 "幽灵"（Spooky）攻击机

AC-47 "幽灵"是以 C-47 运输机为基础改进的中型攻击机。

美国道格拉斯公司在 C-47 运输机的两个窗口上，以及所有左侧的货舱门上安装了 3 挺 7.62 毫米六管机枪，其主要功能是为地面部队实行近距空中支援，可以提供绵密的火力网支援（有效火力覆盖约为一个平均直径 47.5 米的微椭圆面）。AC-47 没有运用任何尖端科技，无论是平台还是武器都来自成熟甚至陈旧的技术，但用全新的概念将其整合起来，使其在战争中广受欢迎。

基本参数	
机身长度	19.6 米
机身高度	5.2 米
翼展	28.9 米
乘员	8 人
空重	8200 千克
最大起飞重量	14900 千克
最大航程	3500 千米
最大速度	375 千米 / 时
最大升限	7450 米

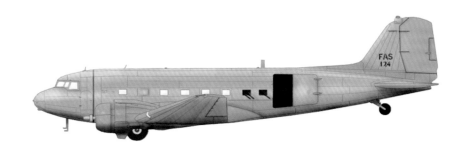

美国 AC-119 攻击机

　　AC-119 是美国空军为替代 AC-47 而在 C-119 运输机基础上改装的攻击机。

　　AC-119 的改装比 AC-130 还晚，但却比 AC-130 更早投入使用。该机在机身左侧安装了 2 门 M61A1 20 毫米六管机炮和 4 挺 SUU-11/A 7.62 毫米机枪，但经过实战检验后，飞行员似乎对 7.62 毫米机枪更为青睐，因为对比 20 毫米机关炮，飞机可以携带更多的小口径机枪弹药。此外，AC-119 在机身左侧安装了 1 部 AVQ-8 氙探照灯，机身右侧安装了 LAU-74A 照明弹发射器。

基本参数	
机身长度	26.36 米
机身高度	8.12 米
翼展	33.31 米
乘员	6 人
空重	18200 千克
最大起飞重量	28100 千克
最大航程	3100 千米
最大速度	335 千米 / 时
最大升限	7100 米

美国 AC-130 攻击机

AC-130 是以美国洛克希德·马丁公司的 C-130 "大力神" 运输机为基础改装而成的攻击机。

AC-130 主要用于密接空中支援与武装侦察等用途。AC-130 装置有各型口径不同的机炮，乃至于后期机种所搭载的博福斯炮或榴弹炮等重型火炮，对于零星分布于地面、缺乏空中火力保护的部队有致命的打击能力。最新的 AC-130U 使用 4 台艾里逊 T56-A-15 发动机，武装包含 1 门侧向的博福斯 40 毫米 L/60 速射炮与 M102 型 105 毫米榴弹炮。原本在 AC-130H 上的 2 门 M61 机炮被 1 门 25 毫米 GAU-12 机炮所取代，拥有 3000 发弹药，射程超过 3657 米。

基本参数	
机身长度	29.8 米
机身高度	11.7 米
翼展	40.4 米
乘员	13 人
最大起飞重量	69750 千克
最大航程	4070 千米
最大速度	480 千米 / 时
最大升限	9100 米

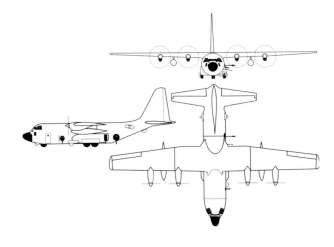

美国 F-117"夜鹰"(Nighthawk)攻击机

　　F-117"夜鹰"是美国洛克希德·马丁公司研制的隐身攻击机,1981年8月开始服役。

　　F-117由2台通用电气F404无后燃器型涡轮扇发动机提供动力。为了达到隐形目的,F-117牺牲了30%的引擎效率。为了降低电磁波的发散和雷达截面积,F-117没有配备雷达。理论上,F-117几乎能携带任何美国空军军械库内的武器,包含B-61核弹。少数的炸弹因为体积太大,或与F-117的系统不相容而无法携带。

基本参数	
机身长度	20.09 米
机身高度	3.78 米
翼展	13.20 米
乘员	1 人
空重	13380 千克
最大起飞重量	23800 千克
最大航程	1720 千米
最大速度	993 千米 / 时
最大升限	13716 米

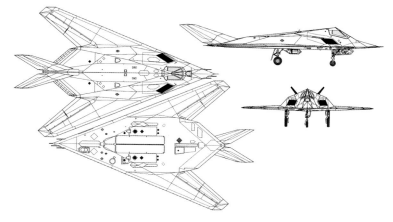

美国 OV-10 "野马" (Bronco) 侦察攻击机

　　OV-10 "野马" 是北美飞机公司研制的双发双座轻型多用途战术侦察攻击机，1965 年 7 月首飞。

　　OV-10 的固定武器为 4 挺 7.62 毫米机枪。全机共有 7 个外挂点，主翼下左、右各 1 个挂点，机身下中央 1 个挂点，机身下两侧短翼各有 2 个挂点，可挂载各种火箭发射巢、炸弹、机枪、机炮吊舱或副油箱。该机的动力装置为 2 台艾里逊 T-76-G420/421 发动机，单台功率为 1040 轴马力，各驱动 1 副直径2.59 米的三叶螺旋桨。

基本参数	
机身长度	12.67 米
机身高度	4.62 米
翼展	12.19 米
乘员	2 人
空重	3127 千克
最大起飞重量	6552 千克
最大航程	927 千米
最大速度	452 千米 / 时
最大升限	7315 米

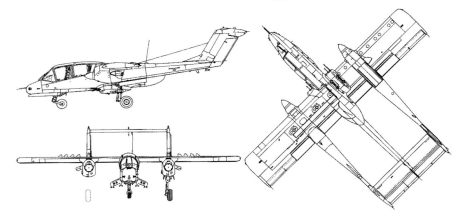

俄罗斯 Il-2 攻击机

Il-2 是苏联在"二战"期间生产的对地攻击机，产量超过 36000 架，堪称航空史上单产量最大的军用飞机。

Il-2 原本是作为单座的战斗轰炸机，但初期在和德军作战时表现不理想，因为对于其较大的体型来说发动机功率不足，使得飞行性能不足以与德军 Bf-109 进行格斗战。后来加装了机枪手的后座位和重机枪自卫，并强化了装甲并集中攻击地面目标，才成为当时最成功的攻击机,德国对 Il-2 有"黑色的死神"之誉。

基本参数	
机身长度	11.6 米
机身高度	4.2 米
翼展	14.6 米
乘员	2 人
空重	4360 千克
最大起飞重量	6160 千克
最大航程	720 千米
最大速度	414 千米 / 时
最大升限	5500 米

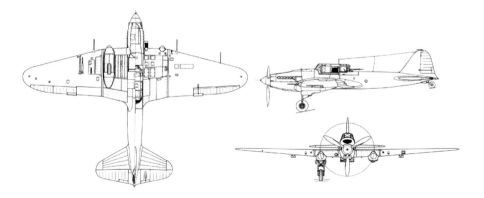

俄罗斯伊尔 –10(II–10) 攻击机

伊尔 –10 是伊留申设计局在"二战"后期由伊尔 –2 改进而来的攻击机，1944 年开始服役。

伊尔 –10 的外观和伊尔 –2 相似，但为全金属结构，外观上不同的地方是改用似普通战斗机的收放式起落架。另一特点是有内藏的弹仓。伊尔 –10 也是以单活塞式三叶螺旋桨为驱动的机型，呈下单翼硬壳式布局，为后三点式收放式起落架，主要生产型为纵列双座封闭式座舱，后座位是面向后方的机枪手座位。发动机为液冷式的 AM–42，最大功率达 2051 千瓦。

基本参数	
机身长度	11.06 米
机身高度	4.18 米
翼展	11.06 米
乘员	2 人
空重	4680 千克
最大起飞重量	6535 千克
最大航程	800 千米
最大速度	530 千米 / 时
最大升限	4000 米

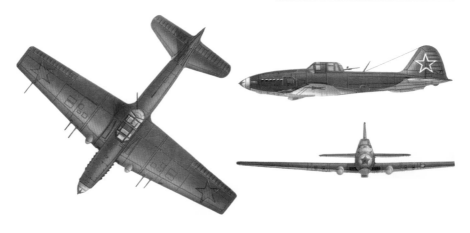

俄罗斯伊尔 –40(II-40) 攻击机

　　伊尔 –40 是世界上第一款喷气引擎装甲地面攻击机。它被设计来取代伊尔 –10M。

　　伊尔 –40 采用双发，带装甲，后座射手操纵后射机枪，可以用作自卫或者对地攻击。但伊尔 –40 的主要武器是 4 门 23 毫米航炮，可以在飞行中向下转动，直到垂直，特别便于扫射地面目标。1953 年 3 月 7 日首飞。但炮口烟可能导致发动机熄火，改进后，进气口延伸到机头两侧，好像野猪的鼻孔一样。伊尔 –40 达到苏联空军的要求，被建议投产，但在 20 世纪 60 年代初赫鲁晓夫正沉醉于导弹制胜论中，对这种靠抵近开炮的"过时"概念不感兴

基本参数	
机身长度	17.215 米
机身高度	5.76 米
翼展	17 米
乘员	2 人
空重	8500 千克
最大起飞重量	17600 千克
作战范围	1320 千米
最大速度	993 千米 / 时
实用升限	11600 米

趣，伊尔 –40 被砍了，5 架已经完成的飞机和生产线都被拆毁。

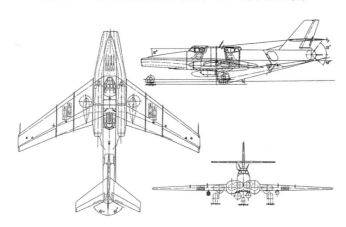

俄罗斯 Su-17 攻击机

Su-17 是苏霍伊设计局从 Su-7 战斗轰炸机发展而来的攻击机，1970 年开始服役。

Su-17 是在 Su-7 战斗轰炸机的基础上发展而来的，采用可变后掠翼设计，在进行起降时会把机翼向前张开以减少所需跑道的长度，但在升空后则改为后掠，以维持与 Su-7 相当的空中机动性。Su-17 装有 2 门 30 毫米 NR-30 机炮，另可挂载 3770 千克炸弹或导弹。动力装置为 1 台 AL-21F-3 发动机，净推力为 76.4 千牛。

基本参数	
机身长度	19.02 米
机身高度	5.12 米
翼展	13.68 米
乘员	1 人
空重	12160 千克
最大航程	2300 千米
最大速度	1860 千米 / 时
最大升限	14200 米

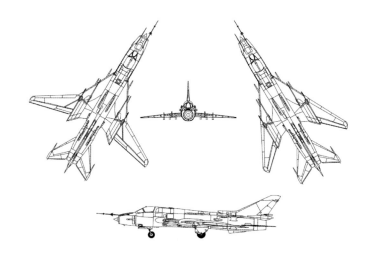

俄罗斯 Su-25 攻击机

　　Su-25 是苏霍伊设计局研制的亚音速攻击机，1981 年开始服役。

　　Su-25 能在靠近前线的简易机场上起降，执行近距战斗支援任务。该机反坦克能力强，机翼下可挂载"旋风"反坦克导弹，射程达 10 千米，可击穿 1000 毫米厚的装甲。Su-25 低空机动性能较好，可在载弹的情况下，在低空中与 Mi-24 武装直升机协同，配合地面部队作战。该机防护力也较强，座舱底部及周围有 24 毫米厚的钛合金防弹板。

基本参数	
机身长度	15.53 米
机身高度	4.8 米
翼展	14.36 米
乘员	1 人
空重	9800 千克
最大起飞重量	17600 千克
最大航程	750 千米
最大速度	975 千米 / 时
最大升限	7000 米

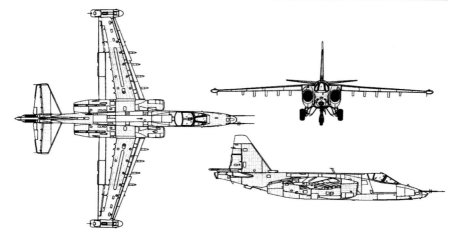

英国 "掠夺者" (Buccaneer) 攻击机

　　"掠夺者" 是英国布莱克本公司于 20 世纪 50 年代中期研制的舰载攻击机。

　　"掠夺者" 的机身为全金属半硬壳式结构，分为机头、座舱、中机身、后机身和减速尾锥。动力装置为 2 台劳斯莱斯 RB.168–1A "斯贝" 101 涡轮风扇发动机，单台推力为 50 千牛。该机在可翻转式弹舱门内侧装有 4 枚 454 千克的 MK.10 炸弹，翼下还有 4 个挂架，可挂载各类炸弹、导弹和火箭弹等武器。

基本参数	
机身长度	19.33 米
机身高度	4.97 米
翼展	13.41 米
乘员	2 人
空重	14000 千克
最大起飞重量	28000 千克
最大航程	3700 千米
最大速度	1074 千米 / 时
最大升限	12200 米

英美 AV-8B "海鹞 II" (Harrier II) 攻击机

　　AV-8B "海鹞 II" 是麦克唐纳·道格拉斯公司生产的短距 / 垂直起降攻击机，1985 年 1 月开始服役。

　　AV-8B "海鹞 II" 在减重上下了很大功夫，其中采用复合材料主翼是主要改善项目之一。AV-8B 的机身前段也使用了大量的复合材料，估计减掉了大约 68 千克的重量。其他采用复合材料的部分包括升力提升装置、水平尾翼、尾舵，只有垂直尾翼、主翼与水平尾翼的前缘及翼端、机身中段及后段等处使用金属质材。AV-8B 的超临界主翼比 AV-8A 的主翼厚，同时翼展增加 20%，后掠角减少 10%，面积增加 14.5%，每边也各增加一个挂架，导致 AV-8B 的飞行速度逊于 AV-8A，但是在升力上的表现却比 AV-8A 优秀。

基本参数	
机身长度	14.12 米
机身高度	3.55 米
翼展	9.25 米
乘员	1 人
空重	6745 千克
最大起飞重量	14000 千克
最大航程	2200 千米
最大速度	1083 千米 / 时

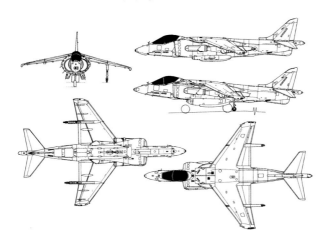

英法"美洲豹"（Jaguar）攻击机

"美洲豹"是法国由英国和法国联合研制的双发多用途战斗机，英国负责翼面、机身后段、进气道等，法国负责机身前段、起落架等，发动机则各自根据需求分工制造。

虽然"美洲豹"是由英、法合作研发，但两国在许多规格与装备采用上却不尽相同。如英国版使用2台劳斯莱斯RT172发动机，每台推力33千牛。法国版使用2台Adour102发动机，单台推力33千牛。两种版本都装有30毫米机炮，并可挂载4536千克导弹和炸弹等武器。

基本参数	
机身长度	16.8 米
机身高度	4.9 米
翼展	8.7 米
乘员	1～2 人
空重	7000 千克
最大起飞重量	15700 千克
最大航程	3524 千米
最大速度	1699 千米/时
最大升限	14000 米

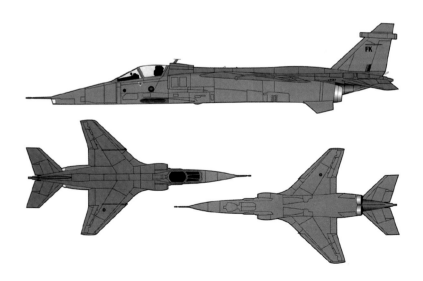

法国"军旗 IV"（Étendard IV ）攻击机

　　"军旗IV"是达索飞机公司研制的轻型舰载攻击机，1962 年开始服役。

　　"军旗IV"主要在"福煦"号和"克莱蒙梭"号航空母舰上服役，主要任务是对舰、对地攻击，也可执行照相侦察任务。该机为适应舰载采用了高三点起落架，装备了法国制马丁·贝克 MKN4A 弹射座椅。"军旗IV"采用1 台 SNECMA 公司的"阿塔"08B 发动机，推力 43.1 千牛。机载武器为 2 门 30 毫米"德发"机炮。外部共有 5 个挂架，最大载弹量为1350 千克。

基本参数	
机身长度	14.4 米
机身高度	4.26 米
翼展	9.6 米
乘员	1 人
空重	5800 千克
最大起飞重量	10200 千克
最大航程	1700 千米
最大速度	1099 千米 / 时
最大升限	15500 米

法国 "超军旗" (Super Étendard) 攻击机

    "超军旗" 是法国达索飞机公司研制的舰载攻击机，1978 年开始服役。

    "超军旗" 采用 45° 后掠角中单翼设计，翼尖可以折起，机身呈蜂腰状，立尾面积较大，后掠式平尾装在立尾中部。动力装置为 1 台非加力型 8K–50 发动机，额定推力 50 千牛。该机装有 2 门 30 毫米的 "德发" 机炮，机身挂架可挂载 250 千克炸弹，翼下 4 个挂架每个可携带 400 千克炸弹，右侧机翼可挂载 1 枚 AM–39 "飞鱼" 空对舰导弹，还可挂载 R.550 "魔术" 空对空导弹或火箭弹等武器。

基本参数	
机身长度	14.31 米
机身高度	3.85 米
翼展	9.6 米
乘员	1 人
空重	6460 千克
最大起飞重量	11500 千克
最大航程	3400 千米
最大速度	1180 千米 / 时
最大升限	13700 米

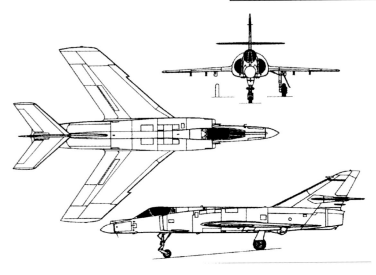

意大利 / 巴西 AMX 攻击机

AMX 是意大利和巴西两国合作研制的单座单发轻型攻击机。

AMX 主要用于近距空中支援、对地攻击、对海攻击及侦察任务，并有一定的空战能力。该机具备高亚音速飞行和在高海拔地区执行任务的能力，设计时还考虑添加了隐身性，可携带空对空导弹。AMX 的动力装置为 1 台劳斯莱斯"斯贝"MK.807 发动机，单台推力 49.1千牛。意大利型装 20 毫米 M61A1 多管机炮，巴西型用 1 门 30 毫米"德发"554 机炮。

基本参数	
机身长度	13.23 米
机身高度	4.55 米
翼展	8.87 米
乘员	1 人
空重	6700 千克
最大起飞重量	13000 千克
最大航程	3336 千米
最大速度	914 千米 / 时
最大升限	13000 米

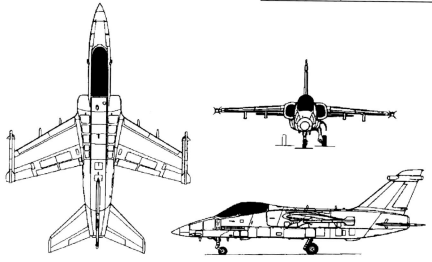

瑞典 SAAB 32 "矛"(Lansen) 式攻击机

SAAB 32 "矛" 是瑞典萨博飞机公司制造的双座全天候攻击机，1952 年 11 月首次试飞，1956 年开始服役。

SAAB 32 的动力装置为 1 台"埃汶"RA7A 加力涡轮喷气发动机，加力推力 45 千牛。机载武器有 4 门 20 毫米机炮，另可外挂 2 枚 Rb-04C 空对地导弹，或 4 枚 250 千克 (或 2 枚 500 千克，或 12 枚 100 千克) 炸弹，或 24 枚 135 毫米 (或 150 毫米) 火箭弹，最大载弹量为 1200 千克。

基本参数	
机身长度	14.94 米
机身高度	4.65 米
翼展	13 米
乘员	2 人
空重	7500 千克
最大起飞重量	13500 千克
最大航程	2000 千米
最大速度	1200 千米 / 时
最大升限	15000 米

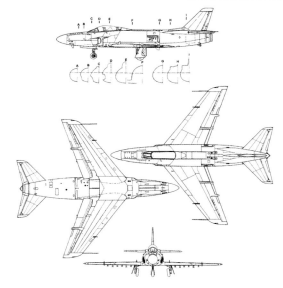

瑞典 SAAB 37 "雷" (Viggen) 式攻击机

SAAB 37 "雷"是瑞典萨博公司研制的多用途战机,1971 年 6 月开始服役,2005 年 11 月退役。

SAAB 37 采用三角形下单翼鸭式布局方式,发动机从机身两侧进气。该机的 10 多个舱门大部分都分布在机身下方,所有的维护点在地面上均可接近,机务维护人员无须在机身上爬上爬下。更换发动机时,只需将后机身拆下。

基本参数	
机身长度	16.4 米
机身高度	5.9 米
翼展	10.6 米
乘员	1 人
空重	9500 千克
最大起飞重量	20000 千克
最大航程	2000 千米
最大速度	2231 千米 / 时
最大升限	18000 米

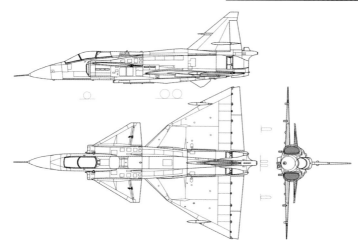

阿根廷 IA-58 "普卡拉"（Pucará ）攻击机

IA-58 "普卡拉" 是阿根廷研制的轻型攻击机，1975 年开始服役。

IA-58 是少数使用涡轮螺旋桨动力的现代攻击机。2 台透博梅卡·阿斯塔左发动机安装在机翼上小巧的发动机舱内，各驱动 1 个三叶螺旋桨。IA-58 狭窄的半硬壳机身的前端前伸，两名飞行员能得到装甲座舱的保护，并有良好的武器射击视野。该机的机载武器为 2 门 20 毫米 7 管机炮，每门备弹 270 发。另有 4 挺 7.62 毫米机枪布置在座舱两侧，各备弹 900 发。3 个外挂点，最大载弹量为 1500 千克。

基本参数	
机身长度	14.25 米
机身高度	5.36 米
翼展	14.5 米
乘员	2 人
空重	4020 千克
最大起飞重量	6800 千克
最大航程	3710 千米
最大速度	500 千米/时
最大升限	10000 米

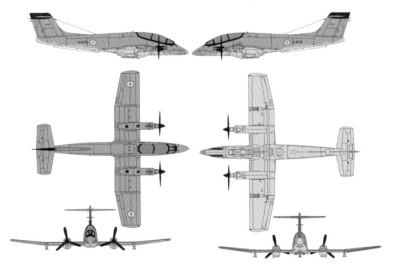

罗马尼亚 IAR-93 "秃鹰"（Vultur）攻击机

IAR-93 "秃鹰" 是罗马尼亚和南斯拉夫联合研制的双发超音速攻击机，1979 年开始服役。

IAR-93 主要有 IAR-93、IAR-93A、IAR-93B、IAR-93A DC 和 IAR-93B DC 等型号。该机的武器装备有 2 门 23 毫米 GSh-23L 机炮，另可挂载 2800 千克载荷，其中包括：AGM-65 电视制导导弹、Grom-1 无线电制导导弹、BL755 集束炸弹、AA-2 "环礁" 空对空导弹和 AA-8 "蚜虫" 空对空导弹等。

基本参数	
机身长度	14.9 米
机身高度	4.52 米
翼展	9.3 米
乘员	1 人
空重	5750 千克
最大起飞重量	10900 千克
最大航程	1320 千米
最大速度	1089 千米 / 时
最大升限	13600 米

第 4 章
轰炸机

轰炸机具有突击力强、航程远、载弹量大等特点，是航空兵实施空中突击的主要机种。机上的武器系统包括各种炸弹、航弹、空对地导弹、巡航导弹、鱼雷、航空机关炮等。

美国 B-10 轰炸机

　　B-10 是世界上第一种全金属单翼轰炸机，也是美国第一种大量生产的轰炸机。

　　B-10 在当时是一种创新的设计，1934 年被美国陆航采用。该机刚服役时曾是世界上最为先进的轰炸机，它比双翼驱逐机要快 1.5 倍，并且比当时其他的战斗机飞得都快。虽然 B-10 开创了新的轰炸机时代，但 20 世纪 30 年代快速发展的轰炸机设计让 B-10 在美国参加"二战"之前即成为一种过时的机种。1939 年后，B-10 在美军迅速退出一线。

基本参数	
机身长度	13.6 米
机身高度	4.7 米
翼展	21.5 米
乘员	4 人
空重	4391 千克
最大起飞重量	7440 千克
最大航程	2800 千米
最大速度	388 千米 / 时
最大升限	8600 米

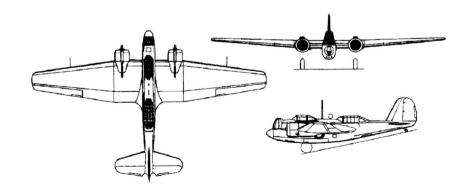

美国 B-17 "空中堡垒"（Flying Fortress）轰炸机

B-17 "空中堡垒"是美国波音公司制造的四发重型轰炸机，1938 年 4 月开始服役。

在"二战"中，B-17 是美国陆航对德国工业和军事目标进行日间战略轰炸的主力机种。其间，驻扎于英格兰的美国第 8 航空军及部署于意大利的第 15 航空军，协同英国轰炸司令部的轰炸机队，对西欧地区的城市、工厂与战区进行日夜不停的空中攻击，为之后的大战进行铺路。除欧洲战场之外，少数的 B-17 也飞翔于太平洋战场之上，执行部分对日本船只及机场的轰炸任务。

基本参数	
机身长度	22.66 米
机身高度	5.82 米
翼展	31.62 米
乘员	10 人
空重	16391 千克
最大起飞重量	29710 千克
最大航程	3219 千米
最大速度	462 千米 / 时
最大升限	10850 米

美国 B-18 "大刀"（Bolo）轰炸机

  B-18 "大刀" 是由美国道格拉斯公司按 DC-2 民用运输机为蓝本设计而成的，虽然不是当时最新或最先进的设计，但却是"二战"期间首批用于战斗巡逻的轰炸机。

  B-18 保留了原来 DC-2 的基本结构，尾部构造以及发动机。只有机翼与 DC-2 不同，B-18 的机翼增长了 1.37 米，并采用中翼（位于机体中部）替代了低翼。B-18 还采用了比 DC-2 更深的机身，便于给机组人员提供住宿。同时在机鼻和机背处设立 1 个炮塔，1 个投弹瞄准位，以及 1 个内部弹仓。此外在机腹处还有 3 个炮手位置。

基本参数	
机身长度	17.63 米
机身高度	4.62 米
翼展	27.28 米
乘员	6 人
空重	7403 千克
最大起飞重量	12552 千克
最大航程	1450 千米
最大速度	348 千米 / 时
最大升限	7285 米

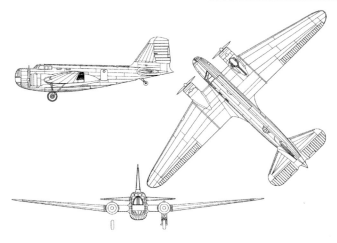

美国 B-23 "龙"(Dragon) 轰炸机

  B-23 "龙" 是美国道格拉斯公司设计生产的中型轰炸机，于 1938 年开始研发，被美国陆航订购后正式命名为 B-23。

  B-23 的载弹量为 900 千克，自卫武器为 1 挺 12.7 毫米机枪，3 挺 7.62 毫米机枪。动力装置为 2 台怀特 R-2600-3 活塞发动机，单台功率为 1177 千瓦。第一批 B-23 于 1939 年 7 月试飞，但这 33 架样机的表现和飞行性能令人失望。结果这些 "龙" 只能在巡逻方面担当勤务，后期有 12 架被转作运输机使用，同时也担当滑翔机的牵引机。

基本参数	
机身长度	17.8 米
机身高度	5.6 米
翼展	28 米
乘员	6 人
空重	8677 千克
最大起飞重量	14700 千克
最大航程	2300 千米
最大速度	454 千米 / 时
最大升限	9630 米

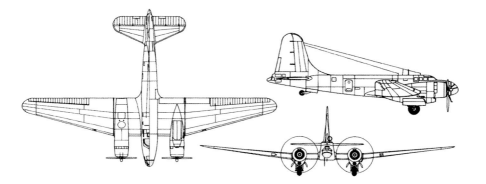

美国 B-24 "解放者"（Liberator）轰炸机

B-24 "解放者" 是美国共和飞机公司研制的大型轰炸机，1941 年交付使用。

B-24 有一个实用性极强的粗壮机身，其上下前后及左右两侧均设有自卫枪械（共计有 7 ～ 12 挺 12.7 毫米机枪），构成了一个强大的火力网。梯形悬臂上单翼装有 4 台 R1830 空冷活塞发动机。机头有一个透明的投弹瞄准舱，其后为多人驾驶舱，再后便是一个容量很大的炸弹舱，可挂载各种炸弹。在"二战"期间，B-24 与 B-17 曾对德国投下大量炸弹。

基本参数	
机身长度	20.6 米
机身高度	5.5 米
翼展	33.5 米
乘员	8 ～ 10 人
空重	16590 千克
最大起飞重量	29500 千克
最大航程	3400 千米
最大速度	487 千米 / 时
最大升限	8500 米

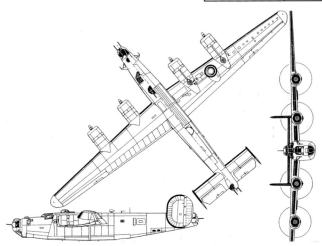

美国 B-25 "米切尔"(Mitchell) 轰炸机

　　B-25"米切尔"是北美飞机公司设计的双发中型轰炸机,1941 年开始服役。

　　B-25 是 "二战"中最为优秀的中型轰炸机之一,它以 "米切尔"命名,以纪念 "一战"中美国指挥官威廉·米切尔。该机也是美国陆航为数不多的以军官的名字命名的飞机。B-25 综合性能良好、出勤率高而且用途广泛,在太平洋战争中表现出色,并且承担了 "空袭东京"任务。整个太平洋战争中,为适应战事的需要,B-25 不断进行了改装。

基本参数	
机身长度	16.13 米
机身高度	4.98 米
翼展	20.6 米
乘员	6 人
空重	8855 千克
最大起飞重量	15910 千克
最大航程	2174 千米
最大速度	442 千米 / 时
最大升限	7378 米

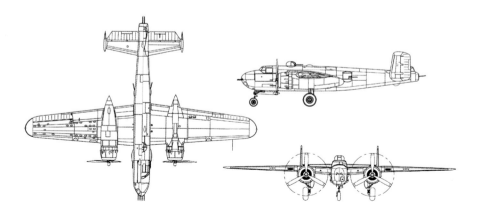

美国 B-26 "劫掠者"（Marauder）轰炸机

　　B-26 "劫掠者" 是美国马丁公司研制的中型轰炸机，1940 年 11 月首飞，1941 年开始服役。

　　B-26 的半硬壳铝合金结构机身由前、中、后三段组成，带弹舱的机身中段与机翼一起制造。与 B-25 相比，B-26 有更快的速度、更大的载弹量，但却没有更好的名声——它以"寡妇制造者"而闻名。在早期的使用中，B-26 坠毁的比例较大，但在经过改进后，已得到很大的改善，坠毁率已降到正常水平。

基本参数	
机身长度	17.8 米
机身高度	6.55 米
翼展	21.65 米
乘员	7 人
空重	11000 千克
正常起飞重量	17000 千克
最大航程	4590 千米
最大速度	460 千米 / 时
最大升限	6400 米

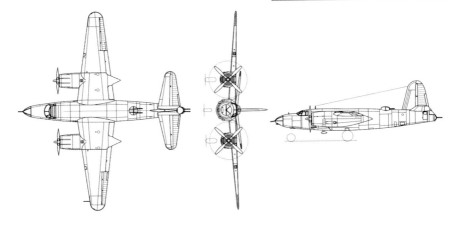

美国 SBD "无畏"(Dauntless) 轰炸机

SBD "无畏"是美国道格拉斯公司开发的舰载俯冲轰炸机，1940 年开始服役。

在珊瑚海海战与中途岛海战当中，SBD 创下空前的战绩，尤其是击沉了日本引以为傲的海上主力："赤城""加贺""苍龙""飞龙" 4 艘航空母舰。至 1944 年由于后继机种 SB2C 俯冲轰炸机的服役，SBD 才慢慢退居二线。而 1944 年 SBD 也加入了英国皇家海军的行列，在北海对抗德军的 U 型潜艇。

基本参数	
机身长度	10.09 米
机身高度	4.14 米
翼展	12.66 米
乘员	2 人
空重	2905 千克
最大起飞重量	4853 千克
最大航程	1795 千米
最大速度	4265 千米 / 时
最大升限	7780 米

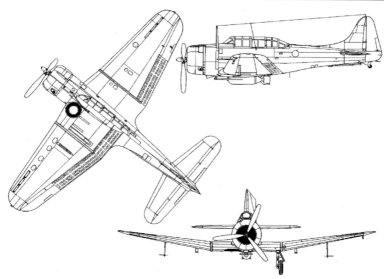

美国 SB2C "地狱俯冲者"（Helldiver）轰炸机

　　SB2C "地狱俯冲者" 是美国柯蒂斯公司研制的俯冲轰炸机，1940 年 12 月首飞，1942 年年底开始服役。

　　SB2C 装有 2 门 20 毫米机炮，1 挺 12.7 毫米机枪。该机是历史上最重的俯冲轰炸机，其炸弹仓可携带 1 枚 450 千克炸弹或 725 千克炸弹，外加机翼上 2 枚 45 千克炸弹。虽然 SB2C 的载重量极大，但由于操作性能太差又使其饱受争议。"二战"结束后，SB2C 很快被美国军方淘汰。

基本参数	
机身长度	11.18 米
机身高度	4.01 米
翼展	15.17 米
乘员	2 人
空重	4794 千克
最大起飞重量	7553 千克
最大航程	1876 千米
最大速度	5090 千米 / 时
最大升限	8870 米

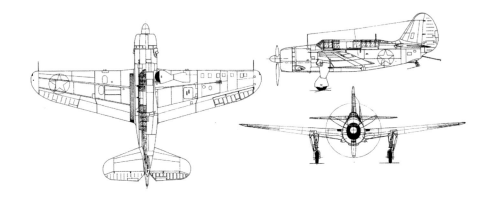

美国 TBD "毁灭者"（Devastator）轰炸机

　　TBD "毁灭者"是道格拉斯公司研制的鱼雷轰炸机，是美国第一种得以广泛使用的单翼舰载机、第一种全金属海军飞机。

　　TBD 的正常进攻性武器包括 540 千克布利斯 – 利维特 MK13 航空鱼雷或 450 千克炸弹。另外，还有通用的 3 枚 230 千克炸弹。TBD 参与了美国在"二战"中大多数海空攻防战，但在这些战役中，它几乎都是作为吸引火力的"盾牌"存在的。最著名的就是在"一战"的中途岛战役中，成功将日本的防空火力吸引到低空，使 SBD 有机会对日方航母编队进行俯冲攻击。

基本参数	
机身长度	10.67 米
机身高度	4.6 米
翼展	15.24 米
乘员	3 人
空重	2540 千克
最大起飞重量	4624 千克
最大航程	700 千米
最大速度	331 千米 / 时
最大升限	5945 米

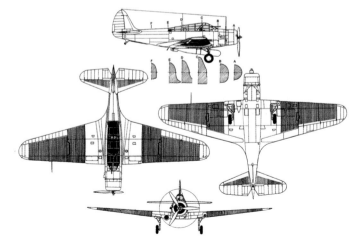

美国 TBF "复仇者"（Avenger）轰炸机

　　TBF "复仇者" 是美国格鲁曼公司开发的舰载鱼雷轰炸机，从 1942 年一直服役到 1960 年。

　　与 TBD 鱼雷轰炸机相比，TBF 的性能有了明显的提升，除了加大功率的发动机外，新设计的流线型座舱配备防弹玻璃，机身的防弹装甲也是前所未有的坚固。TBF 除了搭载 1 枚 MK13 航空鱼雷之外，还可装载 1 枚 900 千克或 4 枚 225 千克炸弹，而襟翼配备减速板设计加上刹车减速板，更让 TBF 拥有和俯冲轰炸机一样的俯冲攻击能力。

基本参数	
机身长度	12.48 米
机身高度	4.70 米
翼展	16.51 米
乘员	3 人
空重	4783 千克
最大航程	1610 千米
最大速度	442 千米 / 时
最大升限	9170 米

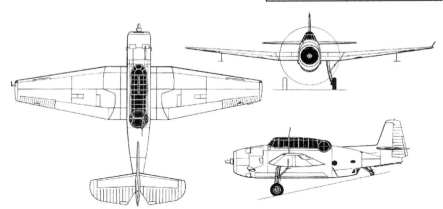

美国 B-29 "超级堡垒" (Super fortress) 轰炸机

B-29 "超级堡垒" 是美国波音公司设计的四发重型轰炸机，1944 年开始服役。

B-29 是 "二战" 时美国陆航在亚洲战场的主力战略轰炸机。它不但是 "二战" 时各国空军中最大的飞机，同时也是集各种新科技的先进武器，如加压机舱、中央火控、遥控机枪等于一身的高性能轰炸机。B-29 最初的设计构想是作为日间高空精确轰炸机，但在战场使用时 B-29 却多数在夜间出动，在低空进行燃烧轰炸。"二战" 结束后，B-29 仍然服役了颇长一段时间，20 世纪 60 年代后才完全退役。

基本参数	
机身长度	30.2 米
机身高度	8.5 米
翼展	43.1 米
乘员	10 人
空重	33800 千克
最大起飞重量	60560 千克
最大航程	5230 千米
最大速度	574 千米 / 时
实用升限	9710 米

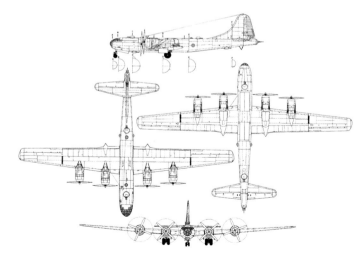

美国 B-36 "和平缔造者"（Peacemaker）轰炸机

　　B-36 "和平缔造者"是美国康维尔公司制造的战略轰炸机，1946 年 8 月首飞，1949 年开始服役。

　　B-36 是历史上投入批量生产的最大型活塞引擎飞机，并且是翼展最大（70.12 米）的军用飞机。它也是第一款无须改装就可以挂载当时美国核武库内所有原子弹的轰炸机。其有 9700 千米的航程和 33 吨的最大载弹量，B-36 还成为第一款能够执行洲际轰炸任务的轰炸机。

基本参数	
机身长度	49.42 米
机身高度	14.25 米
翼展	70.12 米
乘员	13 人
空重	75530 千克
最大起飞重量	186000 千克
最大航程	16000 千米
最大速度	672 千米 / 时
最大升限	13300 米

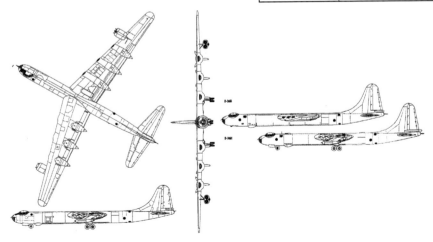

美国 B-45 "龙卷风" (Tornado) 轰炸机

B-45 "龙卷风" 是美军装备的第一种喷气式轰炸机，1948 年开始服役。

B-45 是第一种具有空中加油能力和核弹投放能力的喷气式飞机。该机的机尾有 2 挺 12.7 毫米的机枪，两个弹舱可以携带最大 10000 千克普通炸弹或 1 枚重 9988 千克的低空战略炸弹，或 2 枚 1816 千克的核弹。B-45 的电子系统包括自动驾驶仪、轰炸导航雷达和火控系统、通信设备、紧急飞行控制设备等。

基本参数	
机身长度	22.96 米
机身高度	7.67 米
翼展	27.14 米
乘员	4 人
空重	20726 千克
最大起飞重量	49900 千克
最大航程	1610 千米
最大速度	920 千米 / 时
最大升限	14100 米

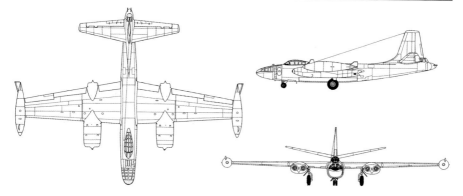

美国 B-47 "同温层喷气" (Stratojet) 轰炸机

B-47 "同温层喷气" 是美国波音公司研制的中程喷气式战略轰炸机，1947 年 12 月首飞，1951 年开始服役。

B-47 采用细长流线型机身，机翼为大后掠角上单翼，翼下吊挂 6 台涡轮喷气发动机。B-47 的弹舱长 7.9 米，可以搭载 1 枚 4500 千克的核弹，也可携带 13 枚 227 千克或 8 枚 454 千克的常规炸弹。B-47 还安装有 2 门 20 毫米机炮，备弹 700 发，最大有效射程为 1370 米。机上还装置两部安装在垂直照相架上的 K-38 或 K-17C 照相机，用来检查轰炸结果。

基本参数	
机身长度	33.5 米
机身高度	8.5 米
翼展	35.4 米
乘员	3 人
空重	35867 千克
最大起飞重量	100000 千克
最大航程	6494 千米
最大速度	975 千米 / 时
最大升限	10100 米

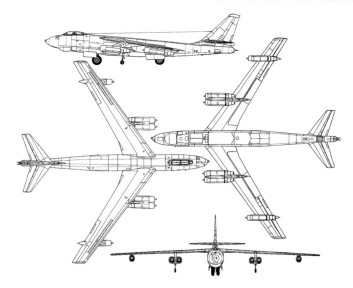

美国 B-50 "超级空中堡垒"（Superfortress）轰炸机

　　B-50 "超级空中堡垒" 是美国波音公司研制的战略轰炸机，1947 年 6 月首飞，1948 年开始服役。

　　B-50 的设计源于 B-29，但全机有 75% 的部件为重新设计。动力方面改用 4 台普惠 R-4360 系列活塞发动机，动力更强劲。利用新型强韧的轻合金制造机身及机翼表面，垂直尾翼和水平尾翼均使用液压动力操作。各种改进使 B-50 比 B-29 具有更大的载弹量和续航力。

基本参数	
机身长度	30.18 米
机身高度	9.96 米
翼展	43.05 米
乘员	8 ~ 10 人
空重	38256 千克
最大起飞重量	78471 千克
最大航程	12472 千米
最大速度	634 千米 / 时
最大升限	11247 米

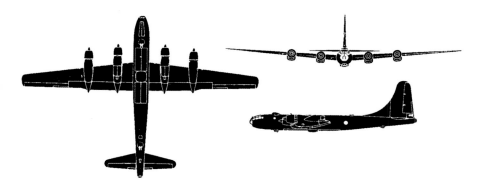

美国 B-52 "同温层堡垒" (Stratofortress) 轰炸机

　　B-52 "同温层堡垒" 是美国波音公司研制的战略轰炸机，1952 年 4 月首飞，1955 年开始服役。

　　B-52 的机身结构为细长的全金属半硬壳式，侧面平滑，截面呈圆角矩形。该机的动力装置为 8 台普惠 TF33-P-3/103 涡扇发动机，分 4 组分别吊装于两侧机翼之下。B-52 不同型号的尾部装有不同的机枪，如 G 型装有 4 挺 12.7 毫米机枪。B-52 载弹量非常大，能携带 31500 千克各型核弹和常规弹药。

基本参数	
机身长度	48.5 米
机身高度	12.4 米
翼展	56.4 米
乘员	5 人
空重	83250 千克
最大起飞重量	220000 千克
最大航程	16232 千米
最大速度	1000 千米 / 时
最大升限	15000 米

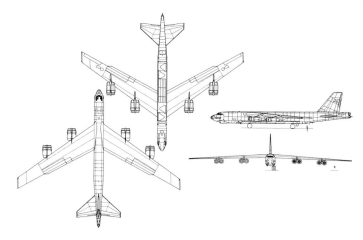

美国 B-57"堪培拉"（Canberra）轰炸机

　　B-57"堪培拉"是美国马丁公司制造的双座轻型轰炸机，1954 年开始服役。

　　B-57 是在英国"堪培拉"轰炸机基础上发展而来的，为满足美国空军要求，结构有所改进。该机的动力装置为 2 台 J65-W-5 涡轮喷气发动机，单台推力 32 千牛。该机的武器装备有 8 挺 12.7 毫米机枪，各备弹 300 发，或改装 4 门 20 毫米机炮。机身中部的弹舱内和翼下挂架，可挂载各种对地攻击武器，总挂载量为 2700 千克。

基本参数	
机身长度	19.96 米
机身高度	4.88 米
翼展	19.51 米
乘员	2 人
空重	13600 千克
最大起飞重量	25000 千克
最大航程	4380 千米
最大速度	960 千米 / 时
最大升限	13745 米

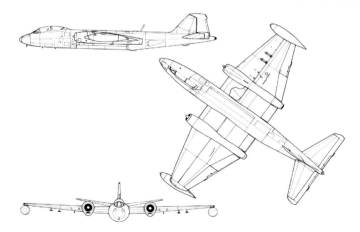

美国 B-58 "盗贼"（Hustler）轰炸机

B-58 "盗贼"是美国康维尔公司研制的超音速轰炸机，1960 年开始服役。

B-58 采用了悬臂式中单翼，无尾三角式布局，后掠式梯形垂尾，机翼为蜂窝结构，蜂窝结构采用铝合金、玻璃纤维以及黏胶剂制成。动力装置为 4 台 J79-GE-5 涡轮喷气发动机，单台最大推力 69 千牛。该机的固定武器为 1 门 20 毫米 6 管机炮，备弹 1200 发。B-58 的总载弹量达 8820 千克。总体来说，该机有着以前任何轰炸机不曾拥有的性能和复杂的航空电子设备，代表了当时航空工业的最高水准。不过，该机追求超音速飞行而使用了许多不太成熟的新技术，造成故障率奇高。

基本参数	
机身长度	29.5 米
机身高度	8.9 米
翼展	17.3 米
乘员	3 人
空重	25200 千克
最大起飞重量	80240 千克
最大航程	7600 千米
最大速度	985 千米/时
最大升限	19300 米

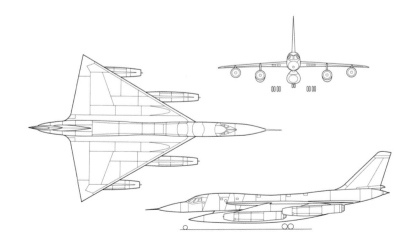

美国 B-66 "毁灭者" (Destroyer) 轰炸机

　　B-66 "毁灭者" 是美国道格拉斯公司研制的战术轰炸机，1954 年 6 月首飞，1956 年开始服役。

　　B-66 实际上是略微修改了的 A-3 "空中战士" 攻击机，用于满足美国空军对战术轰炸机的需求。B-66 采用后掠式上单翼，可回收前三点式起落架，翼下有两个喷气式发动机吊舱。动力装置为 2 台艾里逊 J71-13 发动机，推力达 111.17 千牛。机尾装有 1 个 20 毫米遥控炮塔，弹舱中最大可挂载 5443 千克炸弹。

基本参数	
机身长度	22.9 米
机身高度	7.2 米
翼展	22.1 米
乘员	3 人
空重	19300 千克
最大起飞重量	38000 千克
最大航程	3970 千米
最大速度	1020 千米 / 时
最大升限	12000 米

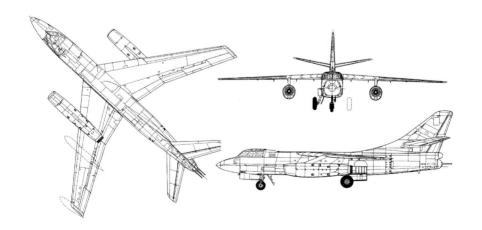

美国 B-1 "枪骑兵" (Lancer) 轰炸机

　　B-1 "枪骑兵"是北美飞机公司研制的超音速轰炸机，1986 年开始服役，主要机型有 A 型和 B 型两种。

　　B-1 是世界上有效载荷量最大的轰炸机，也是美国空军战略威慑主要力量之一。该机有 6 个外挂点，可携挂 27000 千克炸弹。3 个内置弹舱，可携挂 34000 千克炸弹。A 型的机身十分修长，前机身布置 4 座座舱，尾部安装有巨大的后掠垂尾，垂尾根部的背鳍一直向前延伸至机身中部。B 型的机身在外观上与 A 型相似，但明显加强了结构。

基本参数	
机身长度	44.5 米
机身高度	10.4 米
翼展	41.8 米
乘员	4 人
空重	87100 千克
最大起飞重量	216400 千克
最大航程	11998 千米
最大速度	1529 千米 / 时
最大升限	18000 米

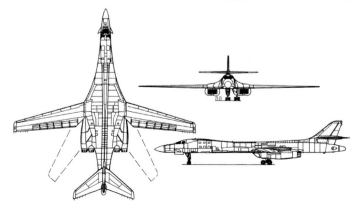

苏联 TB-3 轰炸机

TB-3 是苏联于 1930 年开始研制的重型轰炸机，1932 年 4 月开始服役。

TB-3 采用平直机翼，固定式起落架，机翼蒙皮为漆布，机身蒙皮为波纹铝板。1933 年，苏联开始组建远程航空兵部队，到 1935 年已拥有 400 架 TB-3。1938 年 5 月已建立 3 个特种使命航空兵集团军，每个集团军编有 2 个重型轰炸航空兵旅，每旅有 TB-3 飞机 150 ~ 170 架，成为当时世界上规模最大的重型轰炸机部队。

基本参数	
机身长度	16.4 米
机身高度	3.4 米
翼展	22.6 米
乘员	4 人
空重	11200 千克
最大起飞重量	19300 千克
最大航程	2000 千米
最大速度	212 千米 / 时
最大升限	4800 米

苏联 Pe-8 轰炸机

Pe-8(又称 TB-7 或 ANT-42) 是"二战"时苏联空军生产的唯一四发重型轰炸机。

以 Pe-8 的技术数据而言，该机的性能与同时期欧美四发重型轰炸机接近。Pe-8 生产后仅配发在少数部队。在作战记录上，Pe-8 比较显著的战斗记录为 81 远程轰炸机航空师于 1941 年 8 月 11 日对柏林的轰炸。这场轰炸动用了 12 架 Pe-8，但因为发动机故障以及迷航等因素最后仅有 4 架完成任务，轰炸宣示性大于作战实际效果。

基本参数	
机身长度	23.2 米
机身高度	6.2 米
翼展	39.13 米
乘员	11 人
空重	18571 千克
最大起飞重量	35000 千克
最大航程	3700 千米
最大速度	443 千米 / 时
最大升限	9300 米

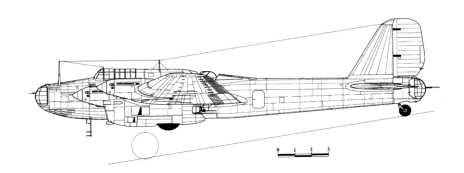

苏联伊尔 –4（II–4）轰炸机

　　伊尔 –4(1939 年以前生产的称为 DB–3) 是苏联在"二战"时的主力中型轰炸机。

　　伊尔 –4 和它的前身 DB–3 在外型上相似，除了头部的领航员舱外。但是伊尔 –4 是 1 架在内部结构和制造工艺上都完全不同的飞机，钢管构架承力结构已改为机身整体承力结构，所有结构变得简单和容易制造，质量也好控制。伊尔 –4 非常可靠和坚固，经常在超过最大负荷和最大航程的条件下，深入敌人后方执行轰炸任务，是"二战"中公认的最好的中型轰炸机之一。除了作为轰炸机外，II–4 还作为鱼雷轰炸机、滑翔机牵引机、伞兵运输机使用。

基本参数	
机身长度	14.76 米
翼展	21.44 米
乘员	4 人
空重	5800 千克
最大起飞重量	9470 千克
最大航程	3800 千米
最大速度	410 千米 / 时
最大升限	8700 米

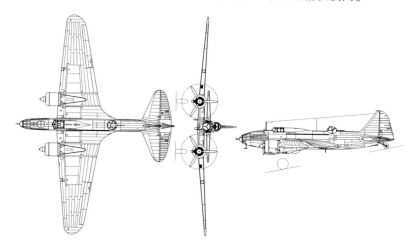

苏联伊尔 –28 "小猎犬"(Beagle) 轰炸机

伊尔 –28 "小猎犬" 是伊留申设计局研发的中型轰炸机,1950 年开始服役。

伊尔 –28 是苏联第一种投入大量生产的喷气式中型战术轰炸机。该机有 3 名乘员,驾驶员和领航员舱在机头,机尾有密封的通信射击员舱。伊尔 –28 可在炸弹舱内携带 4 枚 500 千克或 12 枚 250 千克的炸弹,也能运载小型战术核武器,翼下还有 8 个挂架,可挂载火箭弹或炸弹。机头机尾各装 2 门 HP–23 机炮,备弹 650 发。该机的动力装置是 BK–1A 发动机,单台推力为 26 千牛。

基本参数	
机身长度	17.65 米
机身高度	6.7 米
翼展	21.45 米
乘员	3 人
空重	12890 千克
最大起飞重量	21200 千克
最大航程	2180 千米
最大速度	902 千米 / 时
最大升限	12300 米

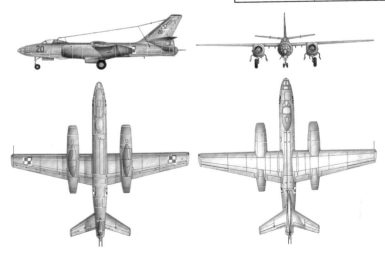

苏联 M-50 "野蛮人"（Bounder）轰炸机

　　M-50 "野蛮人"是苏联马萨契夫实验工厂设计的四发超音速轰炸机，1959 年首次试飞。

　　M-50 采用高单翼三角翼，配备 2 台 VD-7 和 2 台 VD-7F 涡轮发动机，1 对挂在翼尖，1 对在翼下。M-50 从发动机到轮胎、车轮，都突破了苏联过去的传统，全是全新大胆的设计，采用了多项新技术和材料，飞机的纵梁及肋骨采用钛合金，机翼装载了大型电池板。最为出色的设计，则是加入了苏联第 1 台全自动驾驶仪 EDSU 设备。

基本参数	
机身长度	57.48 米
机身高度	8.25 米
翼展	35.1 米
乘员	2 人
空重	85000 千克
最大起飞重量	200000 千克
最大航程	7400 千米
最大速度	1950 千米 / 时
最大升限	16500 米

苏联 Tu-2 轰炸机

Tu-2 轰炸机是苏联图波列夫设计局研制的中型轰炸机，原本称为 ANT-50。

Tu-2 的动力装置为 2 台什韦佐夫 ASh-82 风冷式发动机，单台功率为 1380 千瓦。该机装有 2 门 23 毫米机炮和 3 挺 12.7 毫米机枪，可搭载 3000 千克炸弹。在"二战"期间，Tu-2 作为苏联红军的水平轰炸机甚至俯冲轰炸机，参与了苏德战争中后期的主要战役。鉴于 Tu-2 的出色表现，其设计师安德烈·图波列夫获得斯大林奖金。

基本参数	
机身长度	13.8 米
机身高度	4.13 米
翼展	18.86 米
乘员	4 人
空重	7601 千克
最大起飞重量	11768 千克
最大航程	2020 千米
最大速度	521 千米 / 时
最大升限	9000 米

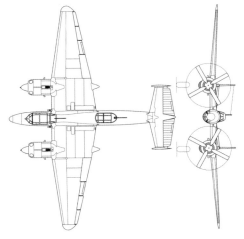

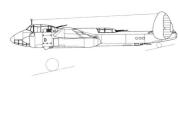

苏联 Tu-4 "公牛"(Bull) 轰炸机

　　Tu-4 "公牛" 是苏联仿制的美国 B-29 轰炸机，1949 年开始服役。

　　Tu-4 各方面性能比原型的 B-29 有所提高，单台发动机功率从 1471 千瓦增加到 1765 千瓦，并装有涡轮增压器。机上飞行设备配有当时比较先进的航行雷达、天文罗盘、PB-10 无线电高度表。Tu-4 有 5 个炮塔，装有 10 门 23 毫米机关炮。5 个炮塔中的 3 个炮塔可以对地射击，可以由 3 个人分别射击，也可以由 1 个人遥控操纵 3 个炮塔同时对地面一个目标射击。

基本参数	
机身长度	30.18 米
机身高度	8.46 米
翼展	43.05 米
乘员	11 人
空重	36850 千克
最大起飞重量	55600 千克
最大航程	5400 千米
最大速度	558 千米 / 时
最大升限	11200 米

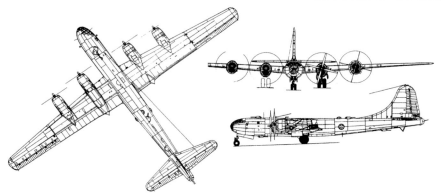

苏联 Tu-14 "水手长" (Bosun) 轰炸机

Tu-14 "水手长"是苏联图波列夫研发的轻型喷气式轰炸机，1949 年首次试飞，1952 年开始服役。

"二战"后，图波列夫设计局就开始了喷气式飞机的研制，分别研制了 Tu-73、Tu-77、Tu-82 验证机，积累了技术。1947 年开始设计 Tu-14 喷气式轰炸机。Tu-14 的动力装置为 2 台 VK-1 涡轮喷气式发动机，单台推力为 26.5 千牛。机载武器为 4 门 23 毫米机炮，外部挂载的载弹量为 3000 千克，可挂载炸弹、鱼雷和火箭弹等。

基本参数	
机身长度	21.95 米
机身高度	5.59 米
翼展	21.69 米
乘员	3 人
空重	14930 千克
最大起飞重量	25350 千克
最大航程	2930 千米
最大速度	848 千米 / 时
最大升限	11200 米

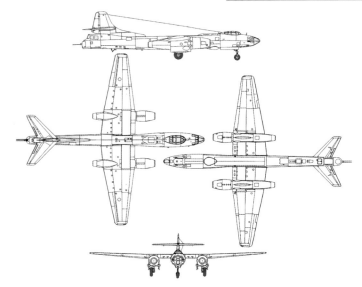

苏联 Tu–16 "獾"(Badger) 式轰炸机

　　Tu–16"獾"是图波列夫设计局为苏联空军设计的双发高亚音速中程轰炸机，1955 年开始服役。

　　Tu–16 的性能和尺寸大致与美国的 B–47，英国的"勇士""胜利者"和"火神"轰炸机相当。该机的动力装置为 2 台 AM–3 发动机，单台推力为 93.2 千牛。该机装有 7 门 23 毫米航炮，备弹 2300 发。机腹下有长 6.5 米的弹舱，正常载弹量为 3000 千克，最大载弹量为 9000 千克。

基本参数	
机身长度	34.8 米
机身高度	10.36 米
翼展	33 米
乘员	6 ~ 7 人
空重	37200 千克
最大起飞重量	79000 千克
最大航程	7200 千米
最大速度	1050 千米 / 时
最大升限	12800 米

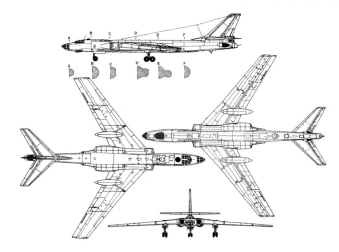

苏联 Tu-95 "熊" (Bear) 轰炸机

Tu-95 "熊" 是苏联图波列夫设计局研制的远程战略轰炸机，1956 年开始交付使用。

Tu-95 使用 4 台 NK-12 涡桨发动机，最大速度超过 900 千米 / 时。在武装方面，Tu-95 除安装有单座或双座 23 毫米 Am-23 机尾机炮外，还能携挂 25 吨的炸弹和导弹，其中包括可使用 20 万吨当量核弹头的 Kh-55 亚音速远程巡航导弹。该机改型直到 2013 年仍是俄罗斯战略威慑力量的核心组成部分之一，并将继续服役到 2020 年左右。

基本参数	
机身长度	49.5 米
机身高度	12.12 米
翼展	54.1 米
乘员	6 ~ 7 人
空重	90000 千克
最大起飞重量	188000 千克
最大航程	15000 千米
最大速度	925 千米 / 时
最大升限	12000 米

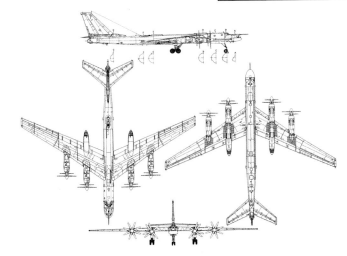

苏联 Tu-98 "背鳍"（Backfin）轰炸机

Tu-98 "背鳍"是苏联图波列夫设计局研发的超音速轰炸机，最终未能服役。

Tu-98 采用液压式飞行操作系统，集中控制飞行姿态、襟翼、起落架和炸弹舱门以及减速伞的操作，机上甚至配备有用于起飞的火箭助推装置，不过并未安装减速板和空中加油装置。首次试飞过程显示，Tu-98 的空中操纵性能良好，只是油耗过大，以致作战半径很难达到战术要求。

基本参数	
机身长度	32.06 米
机身高度	8.06 米
翼展	17.27 米
乘员	3 人
空重	90000 千克
最大起飞重量	39000 千克
最大航程	2440 千米
最大速度	1365 千米 / 时
最大升限	12750 米

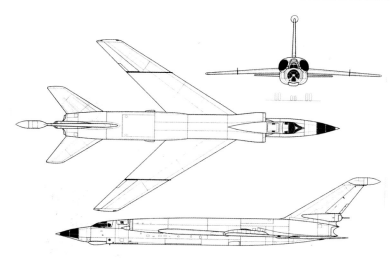

俄罗斯 Tu-22 "眼罩"（Blinder）轰炸机

  Tu-22 "眼罩"是苏联图波列夫设计局研发的超音速轰炸机，于 1962 年开始服役部队。

  Tu-22 "是苏联第一种可以水平超音速飞行的轰炸机，为了取得较大的作战半径，仅在最后阶段才会有 1.5 马赫的空速冲刺，其他时间则是以亚音速飞行以节省燃料。该机的最大载弹量为 9000 千克，自卫武器很少，仅在尾部有 1 门 30 毫米机炮。其自卫手段主要靠速度，夜间使用电子干扰机自卫。

基本参数	
机身长度	41.6 米
机身高度	10.13 米
翼展	23.17 米
乘员	2 人
最大起飞重量	92000 千克
最大航程	4900 千米
最大速度	1510 千米/时
最大升限	13300 米

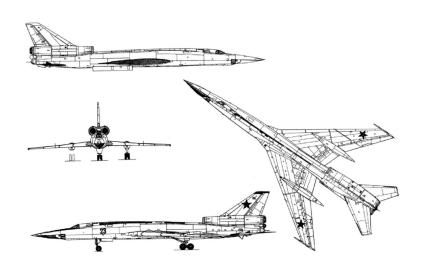

俄罗斯 Tu-22M "逆火" (Backfire) 轰炸机

　　Tu-22M "逆火"是图波列夫设计局研发的远程战略轰炸机，1974 年开始服役。

　　Tu-22M 具有核打击、常规打击及反舰能力，能低空突防。机身尾部设有 1 个雷达控制的自卫炮塔，武装为 1 门 23 毫米双管机炮。除机炮外，Tu-22M 还可挂载 21000 千克的炸弹和导弹。该机的动力装置为 2 台并排安装的大推力发动机，其中 Tu-22M2 使用的是HK-22 涡扇发动机，Tu-22M3 装 HK-25 涡扇发动机。

基本参数	
机身长度	42.4 米
机身高度	11.05 米
翼展	34.28 米
乘员	4 人
空重	58000 千克
最大起飞重量	126000 千克
最大航程	7000 千米
最大速度	2327 千米 / 时
最大升限	13300 米

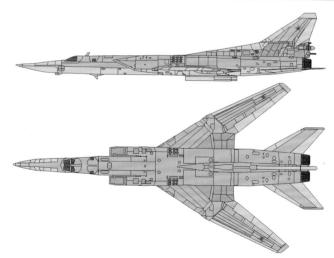

俄罗斯 Tu-160 "海盗旗" (Blackjack) 轰炸机

　　Tu-160 "海盗旗" 是苏联图波列夫设计局研发的远程战略轰炸机，1985年开始服役。

　　Tu-160 的作战方式以高空亚音速巡航、低空高亚音速或高空超音速突防为主。在高空可发射具有火力圈外攻击能力的巡航导弹。进行防空压制时，可发射短距攻击导弹。另外，该机还可低空突防，用核炸弹或导弹攻击重要目标。该机没有安装机炮，弹舱内可挂多达16330 千克的自由落体炸弹、短距攻击导弹或巡航导弹。2 个武器舱内可挂旋转式发射架，每个发射架可挂载 12 枚 RKV-500B 短距攻击导弹或 6 枚巡航导弹。

基本参数	
机身长度	54.10 米
机身高度	13.1 米
翼展	55.70 米
乘员	4 人
空重	118000 千克
最大起飞重量	275000 千克
最大航程	12300 千米
最大速度	2000 千米 / 时
实用升限	15000 米

英国 DH.4 轰炸机

DH.4 是英国"一战"中相当有名的高速轻型轰炸机(兼侦察机)。

DH.4 虽然问世于 1917 年,但已拥有 20 世纪 30 年代飞机的外形。该机长方形断面的机身前段设有分开的前、后座舱,坐有飞行员和侦察兼射击员。油箱装在上机翼的下表面,采用重力供油。机头装 1 台 276 千瓦的劳斯莱斯"鹰"VII活塞发动机,机头平面处为长方形散热器。机头上方并列装有 2 挺"马林"或"维克斯"机枪,后座有 2 挺"刘易斯"活动机枪,用于自卫。翼下可挂载 208 千克的炸弹。

基本参数	
机身长度	9.35 米
机身高度	3.35 米
翼展	12.92 米
乘员	2 人
空重	1084 千克
最大起飞重量	1575 千克
最大航程	699 千米
最大速度	230 千米 / 时
最大升限	6700 米

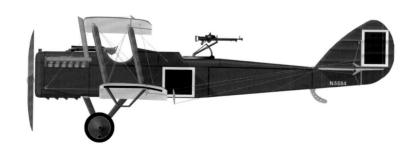

英国 DH.9 轰炸机

DH.9 是英国"一战"期间研制的双座双翼轰炸机，1917 年开始服役。

DH.9 是为满足英国航空部提出的新型昼间轰炸机要求于 1916 年年末开始生产的 DH.4 的改进型号。与 DH.4 相比，DH.9 座舱顶过低，机动性能不好。然而工厂已经为大批量生产 DH.9 做好了准备，只得放弃修改设计而装备部队。DH.9 装备了独立空军（英国空军的战略轰炸部门）和常规飞行中队。由于性能不可靠，因此英国于 1918 年再次启动 DH.4 生产线。

基本参数	
机身长度	9.27 米
机身高度	3.44 米
翼展	12.92 米
乘员	2 人
空重	1014 千克
最大起飞重量	1723 千克
最大速度	182 千米/时
最大升限	4730 米

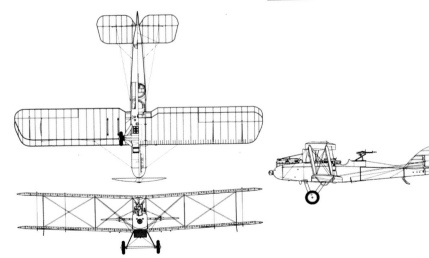

英国 DH.10 轰炸机

　　DH.10 是英国德·哈维兰公司研制的双发中程昼间轰炸机，1918 年开始服役。

　　DH.10 于 1918 年 3 月首飞成功，性能让英国军方非常满意，立即下订单投入生产，但由于关键性的材料短缺，极大地延误了生产计划。1918 年 11 月，DH.10 攻击了法国萨尔斯堡的德军部队，这是 DH.10 在"一战"中的唯一实战经历。虽然该机蕴含巨大的军事潜力，但是由于"一战"很快就结束了，而且它并不适合在和平时期改装为民用飞机使用，结果 DH.10 只是昙花一现，很快就退出了航空舞台。

基本参数	
机身长度	12.08 米
机身高度	4.42 米
翼展	19.97 米
乘员	3 人
空重	2614 千克
最大起飞重量	4118 千克
最大速度	211 千米 / 时
续航时间	6 小时
最大升限	5800 米

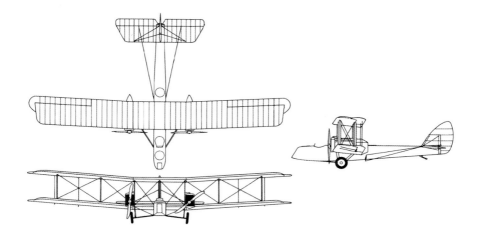

英国阿芙罗 504(Avro 504) 轰炸机

阿芙罗 504 是英国在"一战"期间研制的多用途飞机，可作为轰炸机使用。

阿芙罗 504 最初的 A 系列到 H 系列生产于 1913—1917 年，虽然后来以教练机闻名于世，但最初在"一战"中实际上用于侦察、轰炸。1914 年 4 月 22 日，一架阿芙罗 504A 成为同盟国损失的第一架飞机，不久之后一架 504B 又有幸成为在德国领土上投下第一枚炸弹的飞机。革命性的"阿芙罗"K 型在 1918 年开始服役，这一型号采用一种通用发动机底座，能在机身上安装几种不同类型的转子发动机。

基本参数	
机身长度	8.97 米
机身高度	3.17 米
翼展	10.97 米
乘员	2 人
空重	558 千克
最大起飞重量	830 千克
最大速度	153 千米 / 时
最大航程	400 千米
最大升限	4876 米

英国"雄鹿"（Hart）轰炸机

　　"雄鹿"是英国霍克飞机公司研制的轻型轰炸机，1930 年开始服役。

　　"雄鹿"的设计源于英国航空部提出的 12/26 规范，经过与阿芙罗公司的"羚羊"和费尔雷公司的"狐狸 II"进行了激烈的竞争后，英国空军宣布"雄鹿"胜出并被选作下一代标准昼间轻型轰炸机。"雄鹿"机身左侧有 1 挺"维克斯"7.7 毫米固定机枪，观察手有 1 挺活动枪架上的"刘易斯"7.7 毫米机枪，下机翼可挂载 227 千克炸弹。

基本参数	
机身长度	8.94 米
机身高度	3.18 米
翼展	11.36 米
乘员	2 人
空重	1150 千克
最大起飞重量	2089 千克
最大速度	298 千米 / 时
最大航程	692 千米
最大升限	6950 米

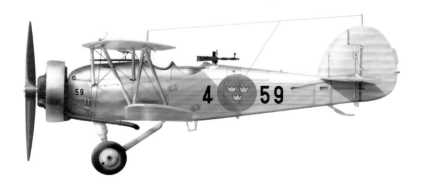

英国"雌鹿"（Hind）轰炸机

　　"雌鹿"是英国霍克飞机公司研制的轻型轰炸机，1935 年开始服役，是英国空军 20 世纪 30 年代末期广泛使用的过渡型轰炸机（指过渡到单翼轰炸机）。

　　1934 年，英国空军提出要求开发新一代轰炸机以取代对"雄鹿"的需求，"雌鹿"由此而生。该机安装了"茶隼"涡轮增压发动机，以及新型炮塔。到 1936 年年底，英国空军轰炸机司令部的"雄鹿"全部被"雌鹿"所取代。"雌鹿"也曾出口过，其中 1939 年阿富汗空军购买了 20 架。

基本参数	
机身长度	8.92 米
机身高度	3.23 米
翼展	11.36 米
乘员	2 人
空重	1452 千克
最大起飞重量	2167 千克
最大速度	298 千米 / 时
最大航程	692 千米
最大升限	8050 米

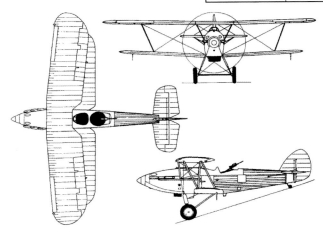

英国 "战斗" (Battle) 轰炸机

"战斗" 轰炸机是英国空军于 "二战" 早期装备的轻型三座轰炸机。

"二战" 初期,"战斗" 取得了英国空军 "二战" 中第一个空战战果 (击落一架 Bf 109)。但到 1940 年 5 月,"战斗" 每次任务的损毁比例达到了 50%。1940 年年底,"战斗" 停止执行作战任务,改为教练机。由于速度缓慢、飞行性能差、装甲薄弱等原因,"战斗" 被认为是 "英国空军最令人失望的轰炸机之一"。

基本参数	
机身长度	12.91 米
机身高度	4.72 米
翼展	16.46 米
乘员	3 人
空重	3015 千克
最大起飞重量	4895 千克
最大速度	413 千米 / 时
最大航程	1610 千米
最大升限	7620 米

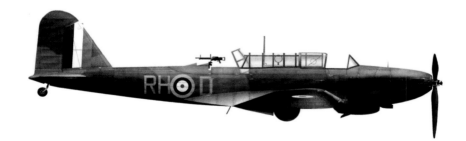

英国"蚊"（Mosquito）式轰炸机

"蚊"式轰炸机以木材为主制造，有"木制奇迹"之誉。

"蚊"式轰炸机有几大奇特之处：一是采用全木结构，这在 20 世纪 40 年代飞机中很少见。二是改型多，除了担任日间轰炸任务以外，还有夜间战斗机、侦察机等多种衍生型。三是生存性好，在整个战争期间，"蚊"式轰炸机创造了英国空军轰炸机作战生存率的最佳纪录。"蚊"式轰炸机自重、发动机功率、航程约为"喷火"的两倍，但速度比"喷火"快。尤其是在载重能力上，"蚊"式轰炸机大大超出原设计指标。

基本参数	
机身长度	13.57 米
机身高度	5.3 米
翼展	16.52 米
乘员	2 人
空重	6490 千克
最大起飞重量	11000 千克
最大速度	668 千米 / 时
最大航程	2400 千米
最大升限	11000 米

英国"贼鸥"（Skua）轰炸机

　　"贼鸥"轰炸机是英国海军航空兵在 20 世纪 40 年代初期所使用的一种单发双座舰载飞机。"贼鸥"是英国海军航空兵所拥有的第一种全金属结构的单翼飞机，装备了可收放的起落架以及全封闭座舱，在当时来说是非常先进的设计。由于发动机马力不足，"贼鸥"的速度相对较低，但机翼内 4 挺机枪以及后座的活动机枪却使得该机在格斗中处于有利的位置。当作为俯冲轰炸机使用时，机身中线下特制的挂架可挂载 1 枚 227 千克的炸弹。

基本参数	
机身长度	10.85 米
机身高度	3.81 米
翼展	14.08 米
乘员	2 人
空重	2498 千克
最大起飞重量	3740 千克
最大速度	362 千米 / 时
最大航程	700 千米
最大升限	6160 米

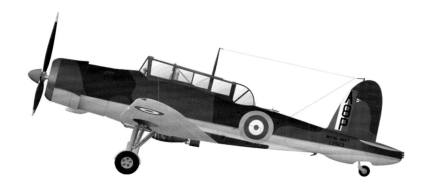

英国"剑鱼"（Swordfish）轰炸机

　　"剑鱼"是费尔雷公司研发的鱼雷轰炸机，也是"二战"时期英国海军航空兵使用的主要机型之一。

　　"剑鱼"虽然是老式的双翼飞机，但立下过赫赫战功，其中最著名的莫过于在塔兰托之战中重创意大利海军以及在围歼"俾斯麦"号战列舰时用鱼雷命中"俾斯麦"号尾舵造成后者无法正常行进。在服役初期，"剑鱼"装备于航母作为鱼雷轰炸机使用，而到了战争中后期，"剑鱼"被改装为反潜和训练机。

基本参数	
机身长度	10.87 米
机身高度	3.76 米
翼展	13.87 米
乘员	3 人
空重	1900 千克
最大起飞重量	3500 千克
最大速度	224 千米 / 时
最大航程	879 千米
最大升限	5870 米

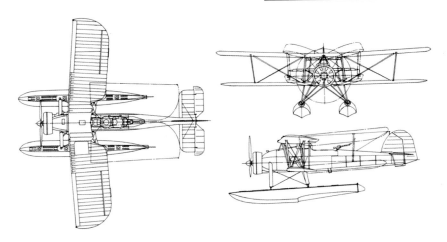

英国 "兰开斯特"（Lancaster）轰炸机

　　"兰开斯特" 是 "二战" 时期英国的重要战略轰炸机，战后在其他国家持续服役到 20 世纪 60 年代。

　　"兰开斯特" 硕大的弹舱内可灵活选挂形形色色的炸弹，除了 113 千克常规炸弹外，还可半裸悬挂 1814 千克、3629 千克、5443 千克直至 10160 千克重的各式巨型炸弹，用于对特殊目标的打击。作为自卫武器，它的基本装备是机枪，后机身背部和机尾分别设 FN5、FN50 和 FN20 型动力炮塔，各炮塔安装 7.7 毫米机枪 2 ~ 4 挺。

基本参数	
机身长度	21.11 米
机身高度	6.25 米
翼展	31.09 米
乘员	7 人
空重	16571 千克
最大起飞重量	32727 千克
最大速度	456 千米 / 时
最大航程	4073 千米
最大升限	6523 米

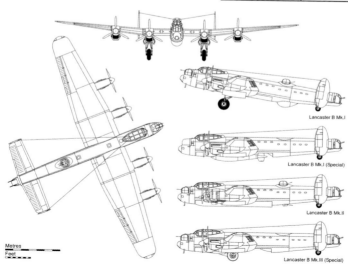

Lancaster B Mk.I

Lancaster B Mk.I (Special)

Lancaster B Mk.II

Lancaster B Mk.III (Special)

Metres
Feet

英国"堪培拉"（Canberra）轰炸机

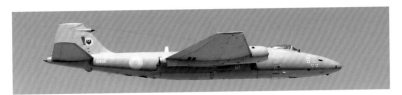

"堪培拉"是英国空军第一种轻型喷气式轰炸机，1951 年开始服役。

"堪培拉"执行轰炸任务时，弹舱内可载 6 枚 454 千克炸弹，另外在两侧翼下挂架上还可悬挂 907 千克炸弹载荷。执行遮断任务时，可在弹舱后部装 4 门 20 毫米机炮，前部空余部分可装 16 个 114 毫米的照明弹或 3 枚 454 千克炸弹。1963 年对飞机进行了改进，使其能携带"北方"AS.30 空对地导弹，也可携带核武器。

基本参数	
机身长度	19.96 米
机身高度	4.77 米
翼展	19.51 米
乘员	3 人
空重	9820 千克
最大起飞重量	24948 千克
最大速度	933 千米 / 时
最大航程	5440 千米
最大升限	15000 米

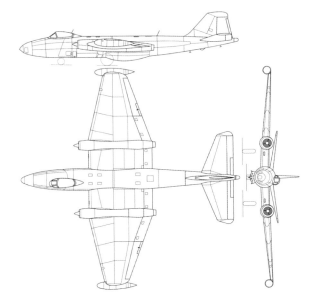

英国"火神"(Vulan) 轰炸机

　　"火神"是英国霍克飞机公司研制的中程战略轰炸机，1956 年开始服役。

　　"火神"采用无尾三角翼气动布局，是世界上最早的一种三角翼轰炸机。发动机为 4 台"奥林巴斯"301 型喷气发动机，安装在翼根位置，进气口位于翼根前缘。机身断面为圆形，机头有一个大的雷达罩，上方是凸出的座舱顶盖。座舱可坐有正副驾驶员、电子设备操作员、雷达操作员和领航员，机头下有投弹瞄准镜。机身腹部有一个长 8.5 米的炸弹舱，可挂 21 枚 454 千克炸弹或核弹，也可以挂载 1 枚"蓝剑"空对地导弹。

基本参数	
机身长度	29.59 米
机身高度	8.0 米
翼展	30.3 米
乘员	5 人
空重	37144 千克
最大起飞重量	77111 千克
最大速度	1038 千米 / 时
最大航程	4171 千米
最大升限	17000 米

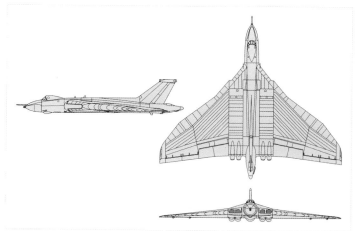

英国"勇士"（Valiant）轰炸机

　　"勇士"是英国维克斯·阿姆斯特朗公司研制的战略轰炸机，1955年开始服役。

　　"勇士"采用悬臂式上单翼设计，在两侧翼根处各安装有2台"埃汶"发动机。该机的机翼尺寸巨大，所以翼根的相对厚度被控制在12%，以符合空气动力学。该机的发动机保养和维修比较麻烦，且一旦某台发动机发生故障，很可能会影响到另一台发动机。"勇士"可在弹舱内挂载1枚4500千克的核弹或者21枚450千克常规炸弹。此外，它还可以在两侧翼下各携带1个7500升的副油箱，用于增大航程。

基本参数	
机身长度	32.99 米
机身高度	9.8 米
翼展	34.85 米
乘员	5 人
空重	34491 千克
最大起飞重量	63600 千克
最大速度	913 千米 / 时
最大航程	7245 千米
最大升限	16500 米

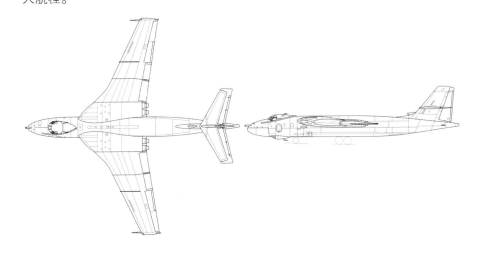

英国"胜利者"(Victor) 轰炸机

"胜利者"是英国汉德利·佩季公司研制的战略轰炸机，1958 年开始服役。

"胜利者"轰炸机采用月牙形机翼和高平尾布局，4 台"康维"201 发动机装于翼根，采用两侧翼根进气。机鼻雷达占据了机鼻下部的非密封隔舱，座舱一直延伸到了机鼻，提供了更大的空间和更佳的视野。该机没有固定武装，机腹下半埋式挂载 1 枚"蓝剑"导弹或弹舱内装载常规炸弹，也可在翼下挂载美国"天弩"空对地导弹。

基本参数	
机身长度	35.05 米
机身高度	8.57 米
翼展	33.53 米
乘员	5 人
空重	40468 千克
最大起飞重量	93182 千克
最大速度	1009 千米 / 时
最大航程	9660 千米
最大升限	17000 米

法国"布雷盖 14"（Breguet 14）轰炸机

"布雷盖 14"是法国在"一战"期间装备的双座单发双翼轰炸机，1917 年开始服役。

与当时常见的推进式布局（发动机位于机翼后）不同的是，"布雷盖 14"采用强劲高效的"雷诺 12"水冷发动机，装置于机翼前。法国军方规定所有法国轰炸机必须为推进式布局的飞机，允许高射炮手射击任何不是采用推进式布局的飞机，因而"布雷盖 14"常常被同盟国认为是德国飞机。"布雷盖 14"机身大部分由新材料"杜拉铝"制造，产量巨大。

基本参数	
机身长度	8.87 米
机身高度	3.3 米
翼展	14.36 米
乘员	2 人
空重	1010 千克
最大起飞重量	1536 千克
最大速度	175 千米 / 时
最大航程	900 千米
最大升限	6000 米

法国"幻影Ⅳ"(Mirage Ⅳ)轰炸机

"幻影Ⅳ"是法国达索飞机公司研制的超音速战略轰炸机，1964 年开始服役。

"幻影Ⅳ"的总体布局沿用了"幻影"系列传统无尾大三角翼的布局。基本型的主要武器为半埋在机腹下的 1 枚核弹，或 16 枚 454 千克炸弹，或 4 枚 AS.37 空对地导弹。正常载弹量为 6400 千克。总体来说，"幻影Ⅳ"尽管很有特色，但与美苏先进战略轰炸机相比，明显偏小，难以形成更为强大的威慑力。

基本参数	
机身长度	23.49 米
机身高度	5.4 米
翼展	11.85 米
乘员	2 人
空重	14500 千克
最大起飞重量	33475 千克
最大速度	2340 千米 / 时
最大航程	4000 千米
最大升限	20000 米

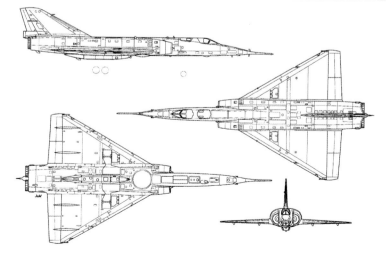

德国 Do 217 轰炸机

　　Do 217 是"二战"中德国使用的双发重型轰炸机，由多尼尔公司研制，1941 年开始服役。

　　得益于强劲的发动机，Do 217 拥有比其他德国双发轰炸机都大的载弹量。Do 217 可以携带的炸弹比 Ju 88 的早期型号都多，而 Do 217 的飞行速度也很快，在最大平飞速度这一项上甚至超过了 Ju 88。在服役后近两年的时间里，Do 217 都是德国最大的轰炸机，直到 He 177 问世后这一纪录才被打破。

基本参数	
机身长度	18.2 米
机身高度	5 米
翼展	19 米
乘员	3 人
空重	9350 千克
最大起飞重量	13180 千克
最大速度	487 千米 / 时
最大航程	2050 千米
最大升限	8400 米

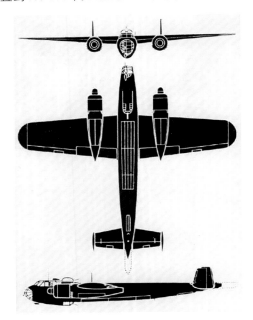

德国 He 177 轰炸机

　　He 177 是德国在"二战"时期唯一大量生产的重型轰炸机，1939 年首次试飞，1942 年开始服役。

　　He 177 系列轰炸机共生产了 1150 架左右。与其他型号作战飞机相比，这个数字是非常少的。然而，He 177 的发展型却不少，不过其中许多都没有正式投入生产。由于 He 177 早期型号的发动机容易起火，所以空勤人员将它称为"德国空军的打火机"或"燃烧的棺材"。

基本参数	
机身长度	22 米
机身高度	6.67 米
翼展	31.44 米
乘员	6 人
空重	16800 千克
最大起飞重量	32000 千克
最大速度	565 千米/时
最大航程	5600 千米
最大升限	8000 米

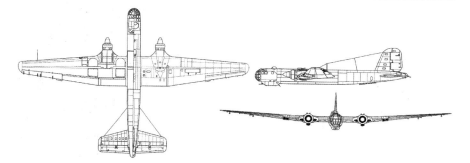

德国 Ju 86 轰炸机

Ju 86 轰炸机是德国在"二战"时期研发并在 1936 年开始量产的多用途双发飞机，具有军用轰炸机和民用运输机等多种用途。

Ju 86 的轰炸机型称为 Ju 86A，民用型称为 Ju 86B。Ju 86A 是非常罕见的用柴油机作为发动机的飞机，装有 2 台 Jumo 205C-4 柴油发动机。Ju 86A 仅生产了 12 架即被 Ju 86D 取代。Ju 86D 是 Ju 86A 改进尾部设计、克服纵向不稳定的改进型。真正在"二战"中发挥作用的是 Ju 86P 高空侦察机。Ju 86P 在 Ju 86D 的基础上加大了翼展，取消了尾部机枪塔，安装了新的双座加压座舱，使用 Jumo 207A-1 柴油发动机。

基本参数	
机身长度	16.46 米
机身高度	4.7 米
翼展	32 米
乘员	2 人
空重	6700 千克
最大起飞重量	11530 千克
最大速度	420 千米 / 时
最大航程	1580 千米
最大升限	13000 米

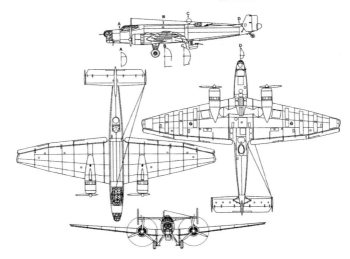

德国 Ju 87 轰炸机

Ju 87 是"二战"中德国空军使用的俯冲轰炸机，由容克斯公司研制。

Ju 87 最容易辨认的特征就是双弯曲的鸥翼型机翼、固定式的起落架及其独有低沉的尖啸声。它于"二战"初期德国所发动的"闪电战"中取得非常大的战果，1940 年后德国在非洲战场及东部战线大量投入这种轰炸机，尤其在东线战场，更发挥出其强大的对地攻击能力。这种轰炸机不但给予地面目标有力的打击，其独有的发声装置所发出的尖啸声，也给地面的士兵心理上形成震慑，加强了攻击的效果。

基本参数	
机身长度	11 米
机身高度	4.23 米
翼展	13.8 米
乘员	2 人
空重	3205 千克
最大起飞重量	5000 千克
最大速度	390 千米 / 时
最大航程	500 千米
最大升限	8200 米

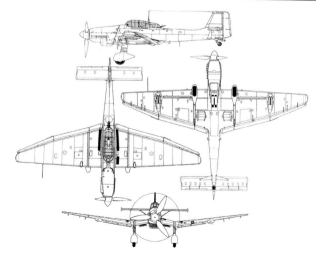

德国 Ju 88 轰炸机

Ju 88 是德国在"二战"时期研制的中型轰炸机，1939 年开始服役。

Ju 88 采用全金属结构，四座单翼，A4 型装有 2 台"尤莫"水冷活塞发动机，单台最大输出功率为 1030 千瓦。该机载弹量为 2500 千克，自卫武器为 2 挺 13 毫米机枪和 3 挺 7.9 毫米机枪。总体来说，Ju 88 性能优良，自卫火力强，俯冲时还能进行机动，提高了生存力，是德国主力轰炸机种。正因为 Ju 88 的优秀表现，使德军决定全力生产 Ju 88，而不再发展四发远程战略重轰炸机。

基本参数	
机身长度	14.85 米
机身高度	4.85 米
翼展	20 米
乘员	3 人
空重	11080 千克
最大起飞重量	12670 千克
最大速度	360 千米 / 时
最大航程	1580 千米
最大升限	5500 米

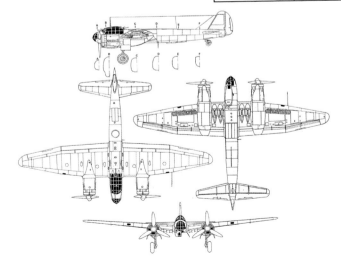

第 5 章
勤务飞机

　　勤务飞机是为战斗机、攻击机、截击机、轰炸机等作战飞机提供各种技术支援的飞机，包括运输机、侦察机、预警机、空中加油机、电子战飞机、教练机、反潜巡逻机和试验机等。

美国 X-1 试验机

X-1 试验机是世界上第一种纯粹为了试验而制造的飞机，1946 年首飞。

X-1 最初设想来自 20 世纪 30 年代末期飞机设计领域所遇到的问题，当时建造的风洞已经不能满足飞机在亚音速和超音速飞行条件下各种参数的正确搜集，因而研制一种专用的飞行试验机势在必行。X-1 的机身形状与 12.7 毫米机枪子弹极其相似，这样可在超音速飞行时保持机体的稳定。X-1 的机翼为平直翼，翼面厚度很小。XLR-11 火箭发动机为其提供动力，其燃料为液氧与酒精和水的混合物。

基本参数	
机身长度	9.45 米
机身高度	3.3 米
翼展	6.96 米
机组成员	1 人
空重	3107 千克
最大起飞重量	6690 千克
最大速度	2334 千米 / 时
最大升限	27432 米

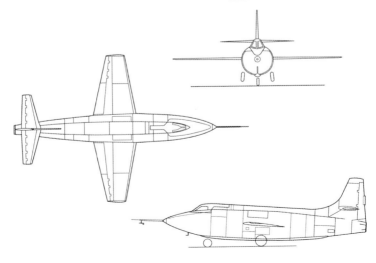

美国 OS2U "翠鸟"(Kingfisher) 水上侦察机

OS2U "翠鸟"是美国沃特飞机公司研制的水上侦察机,1938 年首飞。

OS2U 装有 1 台 450 马力普惠 R-985-48 发动机,从发动机整流罩后部延伸出来。OS2U 的机载武器包括:1 挺固定式勃朗宁 7.62 毫米机枪,1 挺可俯仰转动的 7.62 毫米机枪。OS2U 在两翼下各有 1 个挂架,可以携带 1 枚 45 千克的航空炸弹或者 1 颗 147 千克的深水炸弹。美国海军装备的 OS2U 在"二战"中被广泛用于各个战场,执行侦察、反潜巡逻、海空救援和炮兵观测等任务。

基本参数	
机身长度	10.31 米
机身高度	4.61 米
翼展	10.95 米
机组成员	2 人
空重	1870 千克
最大起飞重量	2721 千克
最大航程	1296 千米
最大速度	264 千米 / 时
最大升限	3960 米

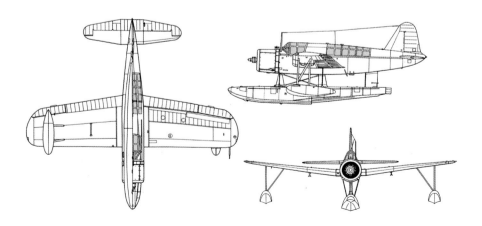

美国 U-2 "蛟龙夫人"（Dragon Lady）侦察机

　　U-2 "蛟龙夫人"是美国洛克希德·马丁公司研制的单发高空侦察机，1957 年开始服役。

　　U-2 装有 8 台照相侦察用的全自动照相机，能全天候工作且分辨率高。另外，还有实施电子侦察的雷达信号接收机、无线电通信侦收机、辐射源方位测向机和电磁辐射源磁带记录机等机载设备。U-2 能在 4 小时内在 15000 米高空，拍下宽 200 千米、长 4300 千米范围内地面景物的清晰图像，并冲印出 4000 张照片用于情报分析。

基本参数	
机身长度	19.1 米
机身高度	4.8 米
翼展	30.9 米
机组成员	1 人
空重	6800 千克
最大航程	5633 千米
最大速度	821 千米/时
最大升限	27430 米

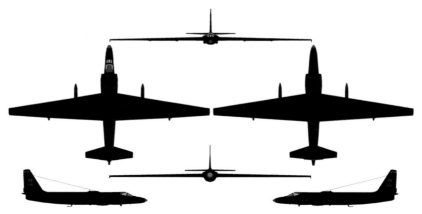

美国 RC-135 "铆接"（Rivet）侦察机

RC-135 "铆接"是美国波音公司研发的战略侦察机，由波音 707 机体改装而成。

RC-135 的飞行性能出色，加上装有高频、甚高频和极高频无线电通信、雷达和先进的导航系统，所以 RC-135 在执行侦察任务时最大的好处就是无须进入敌国领空或者过于贴近敌国领空活动，可在公共空域进行侦察活动。也正因如此，RC-135 并没有配备武器系统。该机被美国空军视为与新一代军事侦察卫星和远程无人驾驶飞机并驾齐驱的美军 21 世纪最重要的侦察工具。

基本参数	
机身长度	46.6 米
机身高度	12.95 米
翼展	44.4 米
机组成员	27 人
空重	44663 千克
最大起飞重量	146000 千克
最大航程	5550 千米
最大速度	933 千米 / 时
最大升限	15200 米

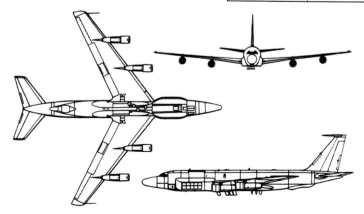

美国 G-21 "鹅"（Goose）式运输机

　　G-21 "鹅"是由美国格鲁曼公司设计的水陆两用飞机，"二战"期间成为美军（包括美国海岸警卫队）以及许多其他国家空军的有效运输工具。

　　G-21 几乎为全金属制造的高翼单翼机——除襟翼被织物覆盖之外，主翼尾部与整个飞行控制面都为金属制造。飞机机翼前缘处加装 2 台 340 千瓦的普惠 R-985 气冷发动机。飞机内部空间很大，可容纳 8 个座位，可当作运输机使用，也可当作豪华客机使用。

基本参数	
机身长度	11.74 米
机身高度	4.93 米
翼展	14.94 米
机组成员	1 ~ 3 人
空重	2466 千克
最大起飞重量	3636 千克
最大航程	1030 千米
最大速度	324 千米 / 时
最大升限	6494 米

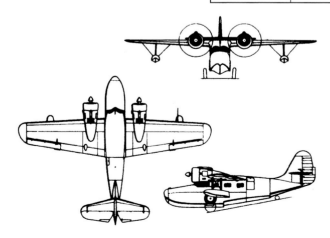

美国 C-119 "飞行车厢" (Flying Boxcar) 运输机

　　C-119 "飞行车厢" 是美国费阿柴尔德工业公司研制的双发运输机，1949年服役。

　　C-119 采用双尾梁布局，2 台发动机装在尾梁前端，尾梁后端由一片平尾两片梯形垂尾相连，中央翼的中部是短舱形式的机身，前后分别是 5 人驾驶舱和尾部货门，便于货物从双尾梁间快速装卸。C-119 还是最早实现重物空投的机种，它还能进行伞兵空降作业，是西方国家在 C-130 运输机服役前广泛使用的战术运输机。该机的动力装置为 2 台普惠R-4360-20 星型发动机，单台功率为 2611 千瓦。

基本参数	
机身长度	26.37 米
机身高度	8.08 米
翼展	33.3 米
机组成员	5 人
空重	18000 千克
最大起飞重量	34000 千克
最大航程	3670 千米
最大速度	450 千米 / 时
最大升限	7290 米

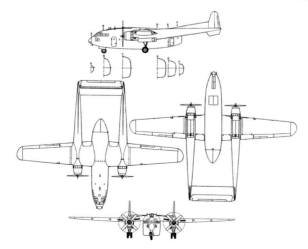

美国 C-130 "大力神"（Hercules）运输机

　　C-130 "大力神" 是美国洛克希德·马丁公司研发的中型运输机，1957年开始服役。

　　C-130 在美国战术空运力量中占有核心的地位，同时也是美国战略空运中重要的辅助力量。该机的动力装置为 4 台 T56-A-15 涡轮螺桨发动机，单台功率为 3660 千瓦。以 C-130H 为例，该机的载重量可达 19.87 吨。C-130 起飞仅需 1090 米的跑道，着陆仅需 518 米的跑道，而且能够在前线的野战跑道上起降，具有极强的运输能力和机动性。

基本参数	
机身长度	29.79 米
机身高度	11.66 米
翼展	40.41 米
机组成员	5 人
空重	34400 千克
最大起飞重量	70300 千克
最大航程	4000 千米
最大速度	620 千米/时
最大升限	10060 米

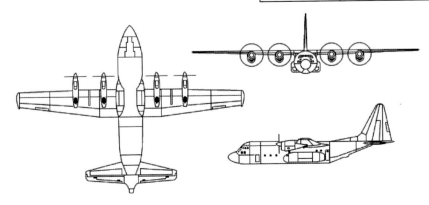

美国 C-141"运输星"(Starlifter) 运输机

C-141"运输星"是美国空军主力战略运输机之一，于 1965 年装备部队。

C-141 是世界上第一种完全为货运设计的喷气式飞机，也是第一种使用涡扇发动机的大型运输机。该机装备 4 台 TF33-P-7 涡扇发动机，单台推力为 95 千牛。C-141 的货舱虽然不如后来出现的 C-5 和 C-17 的大，但是也能轻松地装载长 31 米的大型货物。其货舱也可一次运载 208 名全副武装的地面部队士兵，或 168 名携带全套装备的伞兵。该机还可以运送"民兵"战略弹道导弹。

基本参数	
机身长度	51.29 米
机身高度	11.96 米
翼展	48.74 米
机组成员	5 ～ 7 人
空重	67970 千克
最大起飞重量	155580 千克
最大航程	4723 千米
最大速度	916 千米 / 时
最大升限	12680 米

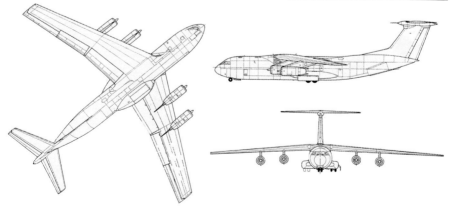

美国 C-1 "商人"（Trader）运输机

C-1 "商人"是 S-2 反潜机的舰载运输机衍生型。

C-1 运输机的动力装置为 2 台怀特 R-1820-82WA 活塞发动机，单台功率为 1137 千瓦。该机可搭载 9 名乘客或 1600 千克货物。20 世纪 60 年代和 70 年代，C-1 为美军驻太平洋航母提供邮件与物资运输服务，还充当全天候航母行动教练机。2010 年 8 月，巴西海军宣布其将采购并现代化 8 架 C-1，部署在其"圣保罗"号航母上，执行舰上运输和空中加油任务。

基本参数	
机身长度	12.9 米
机身高度	4.9 米
翼展	21.2 米
机组成员	2 人
空重	8504 千克
最大起飞重量	13222 千克
最大航程	2092 千米
最大速度	462 千米 / 时

美国 C-2"灰狗"(Greyhound) 运输机

C-2"灰狗"是美国格鲁曼公司研制的双发舰载运输机，1966 年开始服役。

C-2 运输机是 E-2"鹰眼"空中预警机的衍生版本。该机保留着 E-2 原有的机翼及动力装置，但拥有一个经过扩大的机身，及在机尾设有装卸坡道。C-2 的动力装置 2 台艾里逊 T56 型发动机。C-2A 和 C-2A(R) 型可提供高达 4545 千克的有效载荷。机舱随时可以容纳货物、乘客或两者兼载，并配置了能够运载伤者、充任医疗护送任务的设备。

基本参数	
机身长度	17.3 米
机身高度	4.85 米
翼展	24.6 米
机组成员	4 人
空重	15310 千克
最大起飞重量	24655 千克
最大航程	2400 千米
最大速度	635 千米 / 时
最大升限	10210 米

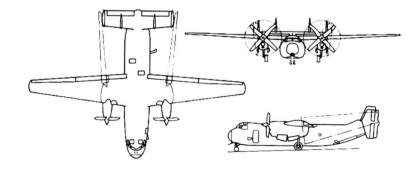

美国 C-5 "银河" (Galaxy) 运输机

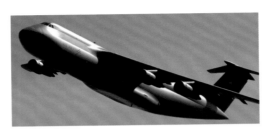

　　C-5 "银河" 是美国洛克希德·马丁公司生产的大型战略军用运输机，1970 年开始服役。

　　C-5 能够在全球范围内运载超大规格的货物并在相对较短的距离内起飞和降落。地面工作人员可以同时在 C-5 的前后舱门进行装载和卸载。该机装有 4 台涡扇发动机，单台推力高达 191 千牛。前鼻和后舱门可以完全打开，以便快速装卸物资。C-5 的机翼内有 12 个内置油箱，能够携带 194370 升燃油。该机载重量可达 122 吨，货仓容积为：上层货仓为 30.19 米 ×4.2 米 ×2.29 米，下层货仓为 36.91 米 ×5.79 米 ×4.11 米。

基本参数	
机身长度	75.3 米
机身高度	19.84 米
翼展	67.89 米
机组成员	7 人
空重	172370 千克
最大起飞重量	381000 千克
最大航程	4440 千米
最大速度	917 千米 / 时
最大升限	10360 米

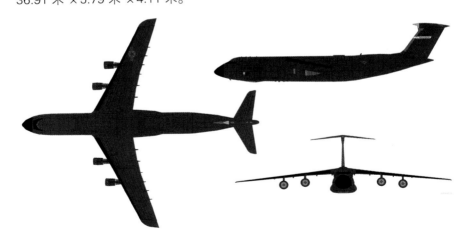

美国 C-17 "环球空中霸王Ⅲ" 运输机

　　C-17 是美国麦克唐纳·道格拉斯道公司研发的大型运输机，绰号"环球空中霸王Ⅲ"（Globalmaster Ⅲ）。

　　C-17 的货舱可并列停放 3 辆吉普车，2 辆卡车或 1 辆 M1A2 坦克，也可装运 3 架 AH-64 武装直升机。在执行空投任务时，可空投 27 215 ~ 49895 千克货物，或 102 名全副武装的伞兵和 1 辆 M1 主战坦克。C-17 货舱门关闭时，舱门上还能承重 18150 千克，相当于 C-130 全机的装载量。C-17 对起落环境的要求极低，最窄可在 18.3 米宽的跑道上起落，能在 90 米 ×132 米的停机坪上运动。

基本参数	
机身长度	53.04 米
机身高度	16.79 米
翼展	51.81 米
机组成员	3 人
空重	128100 千克
最大起飞重量	285750 千克
最大航程	11600 千米
最大速度	830 千米 / 时
最大升限	13700 米

美国 C-46 "突击队员" 运输机

  C-46 "突击队员" (Curtiss C-46 Commando) 是由一种商用高空客机设计转变而来的运输机。

  C-46 使用功率更大的 1471 千瓦普拉特 – 惠特尼 R-2800 双黄蜂引擎。同时还进行了一些小改动，如改进燃油系统及减少舷窗。军方型号为 R5C-1。军用型号装有 2 个货舱门、加强型地板、液压辅助绞车。由于主要用于货物运输，40 把折叠椅成为仅有的乘客招待设施。测试表明 C-46 有能力仅使用单引擎的情况下承载大量的货物。

基本参数	
机身长度	23.27 米
机身高度	6.63 米
翼展	32.92 米
机组成员	4 人
空重	14340 千克
最大起飞重量	22000 千克
最大航程	2296 千米
最大速度	360 千米 / 时
最大升限	7620 米

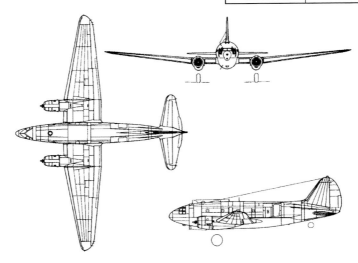

美国 KB-29 空中加油机

　　KB-29 是以波音 B-29 轰炸机为基础改进而来的空中加油机，1948 年开始服役。

　　KB-29 采用 4 台怀特 R-3350 发动机，单台功率为 1600 千瓦。该机在 20 世纪 40 年代末提高加、受油效率改进过程中发挥了重要作用。1949 年 3 月 2 日，美国 B-50 轰炸机经 KB-29M 加油机的 4 次空中加油，实现了环球一周的不着陆飞行，标志着空中加油技术达到了一个新的水平。

基本参数	
机身长度	36.6 米
机身高度	9.02 米
翼展	43.05 米
机组成员	4 人
空重	31303 千克
最大起飞重量	62823 千克
最大航程	3701 千米
最大速度	644 千米 / 时
最大升限	11582 米

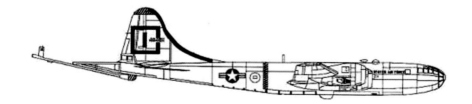

美国 KB-50 空中加油机

　　KB-50 是在 B-50 轰炸机的基础上改进而来的空中加油机，1955 年 12 月首飞，1956 年 1 月开始服役。截至 1957 年 11 月，美国战术空军的 KB-29 已经完全被 KB-50 取代。

　　KB-50 是在 B-50 外翼下加装了 2 台通用电气 J47 发动机，并安装必要加油设备改装而来的。J47 发动机使 KB-50 可以在更高的高度，携带更多的燃料，以更快的航速为飞机加油，并且有效减小了起飞距离，增大了爬升速度。

基本参数	
机身长度	30.18 米
机身高度	9.96 米
翼展	43.05 米
机组成员	8 人
空重	38246 千克
最大起飞重量	78471 千克
最大航程	12472 千米
最大速度	634 千米 / 时
最大升限	11247 米

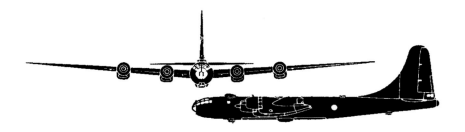

美国 KC-97 空中加油机

　　KC-97 是美国波音公司研制的空中加油机，于 1950 年开始服役。

　　KC-97 能够携带 24040 千克燃油，可有效为 2 架 B-47 轰炸机加油。而 B-52 需要的燃油数量更大，燃油的消耗率也更高，这就意味着一架 B-52 需要更多的 KC-97 来支援。由于 KC-97 使用活塞发动机，飞行速度和高度都要落后于使用涡轮发动机的 B-52。在加油时，B-52 不得不先降低到 KC-97 的飞行高度，加油完成后再爬升到正常的巡航高度。

基本参数	
机身长度	35.89 米
机身高度	11.68 米
翼展	43.05 米
机组成员	6 人
空重	37410 千克
最大起飞重量	79450 千克
最大航程	3700 千米
最大速度	643 千米 / 时
最大升限	9144 米

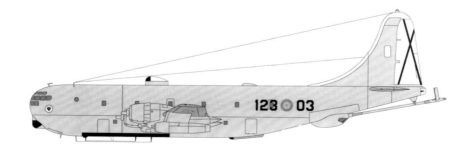

美国 KC-135 空中加油机

KC-135 是美国空军第一架喷气式加油机，1957 年开始服役。

KC-135 可以给各种性能不同的飞机加油。在加油时排除了让受油者降低高度及速度的麻烦，既提高了加油安全性，也提高了受油机的任务效率。它采用伸缩套管式空中加油系统，加油作业的调节距离为 5.8 米，可以在上下 54°、横向 30°的空间范围内活动。KC-135 具备同时为多架飞机加油的能力，其伸缩套管式加油方式的输油率也很高。

基本参数	
机身长度	41.53 米
机身高度	12.7 米
翼展	39.88 米
机组成员	4 ~ 5 人
空重	90700 千克
转场航程	17766 千米
最大速度	933 千米 / 时
最大升限	15200 米

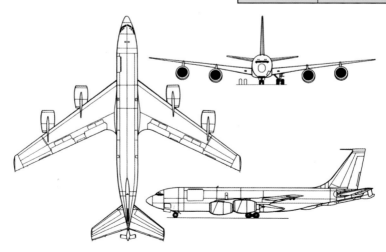

美国 KC-10 "延伸者" (Extender) 空中加油机

KC-10 "延伸者"是美国麦克唐纳·道格拉斯公司研制的三发空中加油机,1981 年开始服役。

KC-10 加油机是在 DC-10 客机的基础上发展起来的,所以 KC-10 的系统 88% 和民用型 DC-10 是通用的。与 DC-10 不同,KC-10 配备了军用航空电子设备和卫星通信设备,以及麦克唐纳·道格拉斯公司生产的先进空中加油飞桁、锥套软管加油系统,并增加了一个加油系统操作员和自用的空中加油受油管。KC-10 的最大载油量高达 161 吨,接近 KC-135 的两倍。

基本参数	
机身长度	55.35 米
机身高度	17.7 米
翼展	47.34 米
机组成员	4 人
空重	108891 千克
最大起飞重量	267620 千克
最大航程	11112 千米
最大速度	982 千米 / 时
最大升限	11490 米

美国 E-1 "追踪者"（Tracer）预警机

　　E-1 "追踪者"是美国格鲁曼公司研制的双发空中预警机，主要用于舰队防空预警，1958 年开始服役。

　　E-1 装有 2 台涡轮螺桨发动机，背负 1 个巨大的椭圆形雷达天线罩。该机的主要机载设备有搜索雷达、通信系统、敌我识别器、定向仪表无线电指挥系统等。E-1 可以同时对半径 322 千米内的空中和地面的目标进行监视，并可在夜间和各种气象条件下进行敌我识别。

基本参数	
机身长度	13.82 米
机身高度	5.13 米
翼展	22.05 米
机组成员	4 人
空重	9381 千克
最大起飞重量	12091 千克
最大航程	1666 千米
最大速度	383 千米 / 时
最大升限	4800 米

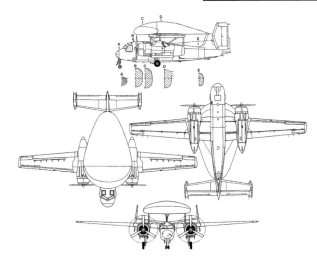

美国 E-2 "鹰眼"（Hawkeye）预警机

　　E-2 "鹰眼"是美国格鲁曼公司研制的舰载预警机，于 1964 年开始服役。

　　E-2 在外观上最大的特征就是位于机背的雷达罩。这个雷达罩的直径有 7.3 米，在使用的时候会旋转，以涵盖 360° 各方向上的空域。支撑雷达罩的结构可以在地面让雷达罩的高度降低，以便进出航舰上的机库。E-2C 可在 9150 米高度全天候执行海军的各项任务，并可在 556 千米的距离上探测各种飞机。自动目标跟踪和高速处理能力使每架 E-2C 能同时跟踪 2000 多个目标。

基本参数	
机身长度	17.54 米
机身高度	24.56 米
翼展	5.58 米
雷达天线罩直径	7.3 米
空重	18090 千克
最大起飞重量	23850 千克
最大航程	3000 千米
最大速度	626 千米 / 时
实用升限	10000 米

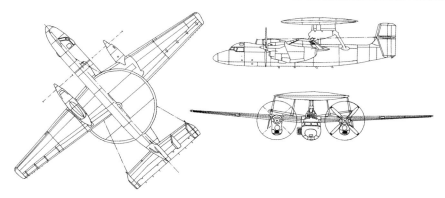

美国 E-3 "望楼"（Sentry）预警机

E-3"望楼"是美国波音公司生产的全天候空中预警机，于 1977 年开始服役。

E-3 具有下视能力及在各种地形上空监视有人驾驶飞机和无人驾驶飞机的能力。该机是直接在波音 707 商用机的机身上，加装旋转雷达模组及陆空加油模组而成。雷达直径为 9.1 米，中央厚度为 1.8 米，用 2 根长度为 4.2 米的支撑架撑在机体上方。AN/APY-1/2 水平旋转雷达可以监控地面到同温层之间的空间。该机的动力装置为 4 台普惠 TF33-PW-100/100A 发动机，单台推力为 95 千牛。

基本参数	
机身长度	46.61 米
机身高度	12.6 米
翼展	44.42 米
机组成员	4 人
空重	73480 千克
最大起飞重量	156000 千克
最大航程	7400 千米
最大速度	855 千米 / 时
最大升限	9000 米

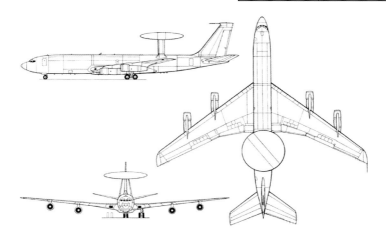

美国 E-4 "守夜者" (Nightwatch) 空中指挥机

　　E-4 "守夜者"是由波音 747-200 客机改装而成的空中指挥机，1974 年开始服役。

　　E-4 主要用于美国本土受到核 / 常规攻击时最高指挥当局在机上与战略核力量指挥部的通信。该机共有 3 层甲板 6 个工作区，机组最多可达 114 人。机上有 13 套通信设备，其中包括卫星通信和超低频通信装置。机上共有 46 组通信天线，卫星通信天线装在背部的整流罩内，超低频通信天线可用绞盘收放，长 8 千米，能与在水下的潜艇通信。

基本参数	
机身长度	70.51 米
机身高度	19.33 米
翼展	59.64 米
机组成员	114 人
空重	190000 千克
最大起飞重量	374850 千克
最大航程	11000 千米
最大速度	969 千米 / 时
最大升限	14000 米

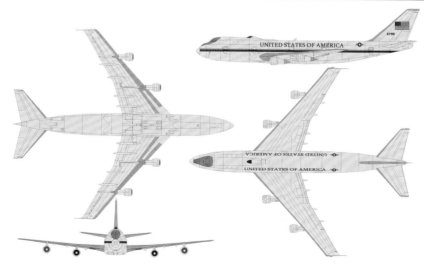

美国 E-6 "水星"（Mercury）通信中继机

E-6 "水星"是美国波音公司研制的通信中继机，于 1989 年开始服役。

E-6 的机体有 75% 与 E-3 预警机相同，主要区别是去掉旋转雷达天线罩，在翼尖有电子对抗吊舱。机舱分 3 个区，翼前区包括四人机组驾驶舱、食品储存间、厨房、就餐间、洗手间，以及有 8 个折叠床的休息间，以便搭乘轮班机组成员。该机的超低频天线长达 7925 米，在通信时，飞机绕小圆圈轨道飞行，天线近似垂直下垂，能保证潜艇在水下用拖曳式天线接收。

基本参数	
机身长度	46.61 米
机身高度	12.93 米
翼展	44.42 米
机组成员	12 ～ 25 人
空重	78378 千克
最大起飞重量	155128 千克
最大航程	12000 千米
最大速度	972 千米 / 时
最长续航时间	28.9 小时

美国 OV-1 "莫霍克"（Mohawk）战场监视机

OV-1"莫霍克"是美国格鲁曼公司研制的战场监视机，于 1959 年开始服役。

OV-1 的座舱盖凸起，机鼻下沉，提供了良好的视野。OV-1A 在出厂时装有复式操纵系统，两名机组成员都可以驾驶飞机，且两名机组成员都配备了带装甲板的马丁－贝克 Mk5 弹射座椅，冲破座舱顶部的玻璃进行弹射。OV-1A 的座舱地板采用 6.4 毫米厚的杜拉铝板制造，可抵御轻武器的射击。OV-1A 的机身中部照相舱内可安装 1 套以 KA--30 胶片相机为核心的 KS-61 侦察系统。

基本参数	
机身长度	12.5 米
机身高度	3.86 米
翼展	14.63 米
机组成员	2 人
空重	5467 千克
最大起飞重量	8214 千克
最大航程	1520 千米
最大速度	491 千米 / 时
最大升限	7620 米

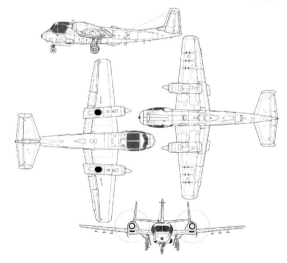

美国 OV-10 "野马" 侦察机

OV-10 "野马" 在飞行中可以利用覆盖东南亚的泰康 (TACON) 导航系统为自己和目标精确定位。

OV-10A 的另一特色是，机身下部设有 1 对八字形的短翼，翼下 4 个挂爪可以携带 1925 公斤武器，如 19 枚装的 2.75 英寸 LAU-3/A 型火箭弹发射巢、5 英寸 "祖尼" 火箭弹发射巢、250 磅 Mk.81 型航空炸弹等。机身中线下可以外挂 230 或 150 加仑的副邮箱。此外，短翼内部固定安置 4 挺 7.62 毫米 M60C 机关枪。

基本参数	
机身长度	12.67 米
机身高度	4.62 米
翼展	12.19 米
机组成员	2 人
空重	3127 千克
最大起飞重量	6552 千克
作战范围	927 千米
最大速度	452 千米 / 时
实用升限	7315 米

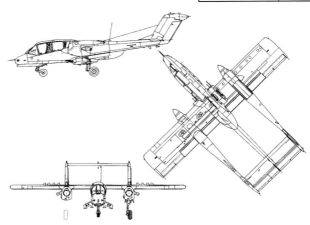

美国 E-8 "联合星" (Joint STARS) 战场监视机

E-8 "联合星"是美国格鲁曼公司研制的战场监视机，1988 年首飞。

E-8 主要由载机、机载设备和地面站系统组成。载机是波音 707 客机。机载设备主要有雷达设备、天线、高速处理器以及各种相关软件等。地面站系统为移动式的，是一个可进行多种信息处理的中心。E-8 机身下装有 1 个 12 米长的雷达舱，利用舱内强劲的 AN/APY-3 多模式侧视相控阵 I 波段电子扫描合成孔径雷达，E-8 可以发现机身任意一侧 50000 平方千米内地面上的各种目标。

基本参数	
机身长度	46.61 米
机身高度	12.95 米
翼展	44.42 米
机组成员	4 人
空重	77564 千克
巡航速度	945 千米 / 时
实用升限	12802 米
最长续航时间	9 小时

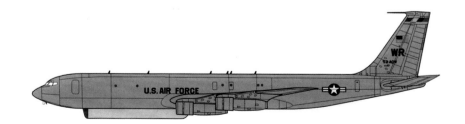

美国 NC-4 水上巡逻机

NC-4 是美国寇蒂斯公司研制的三发六座远程水上巡逻机。

1917 年，德 国 潜 艇 在 大 西 洋 横 行，NC-4 水上巡逻机就是美国海军对这一威胁的反应，后来以成功完成穿越大西洋而闻名。当时要求新飞机必须具备自行飞越大西洋的能力，因为没有船能容纳该机巨大的尺寸将其从美国运到英国。NC-4 采用双翼布局，薄木板压制的船形机首，两机翼间有 3 台发动机。飞机首部活动枪架各有 1 挺 7.62 毫米机枪。

基本参数	
机身长度	20.8 米
机身高度	7.49 米
翼展	38.4 米
机组成员	6 人
空重	7200 千克
最大起飞重量	11968 千克
最大航程	2532 千米
最大速度	136 千米 / 时

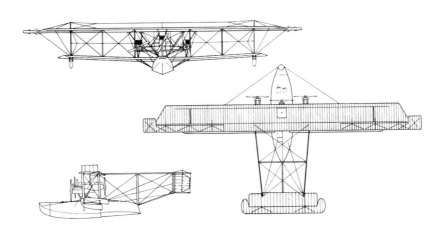

美国 P-2 "海王星"（Neptune）海上巡逻机

　　P-2 "海王星"是美国洛克希德·马丁公司设计生产的海上巡逻机，1947年开始服役。

　　P-2 细长的机身中段是电子作战席或炸弹舱，可携炸弹、水雷、鱼雷、深水炸弹、声呐等器材。前部装 1 对大展舷比的平直上单翼，翼上安装 R-3350 型空冷活塞发动机 2 台，后期型并有翼尖油箱，外翼下可设挂架 8 ~ 16 个武器挂点及助推用小型喷射发动机 2 台。前部是对海面观察（投弹）透明窗及驾驶舱，电子操纵手则坐在驾驶舱后。

基本参数	
机身长度	23.72 米
机身高度	8.56 米
翼展	30.48 米
机组成员	11 人
空重	15819 千克
最大起飞重量	29076 千克
最大航程	6406 千米
最大速度	515 千米 / 时
最大升限	6700 米

美国 P-3 "猎户座"（Orion）反潜巡逻机

P-3 "猎户座" 是美国洛克希德·马丁公司研制的海上巡逻和反潜飞机，1962 年开始服役。

P-3 采用悬臂式下单翼，传统铝合金结构机身，增压机舱。该机装有 4 台艾里逊 T56-A-14 涡桨发动机，单台功率为 3661 千瓦。P-3 翼前有 1 个 3.91 米长的弹舱，机翼下有 10 个挂架，可以携带鱼雷、深水炸弹、沉底水雷、火箭发射巢、反舰导弹、空对空导弹等，还可以携带各种声呐浮标、水上浮标和照明弹等。

基本参数	
机身长度	35.61 米
机身高度	10.27 米
翼展	30.37 米
机组成员	10 人
空重	27890 千克
最大起飞重量	64410 千克
转场航程	8945 千米
最大速度	761 千米 / 时
最大升限	8625 米

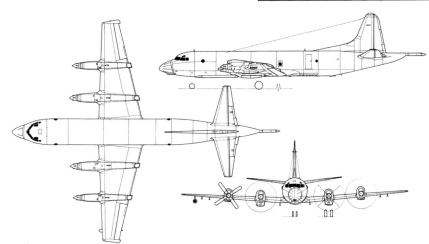

美国 S-2 "搜索者" (Tracker) 反潜机

S-2 "搜索者"是美国格鲁曼公司研制的舰载双发反潜机，1954 年开始服役。1976 年美军将所属的 S-2 机队淘汰后转售民间，目前仍有相当大的数量作为消防机服役。

S-2 装有 2 台 R-1820-82WA 发动机，反潜设备为 AN/APS-38 对海雷达与 AQS-10 磁异侦测器，雷达可侦测到 16 ~ 32 千米外的潜艇呼吸管，磁异侦测器则装在机尾 1 根可伸缩 4.8 米的长杆上，可以侦测 300 米深的异常磁场信号。电子战设备为 AN/APA-69 干扰器，安装在驾驶舱上方。

基本参数	
机身长度	13.26 米
机身高度	5.33 米
翼展	22.12 米
机组成员	4 人
空重	8310 千克
最大起飞重量	11860 千克
最大航程	2170 千米
最大速度	450 千米 / 时
最大升限	6700 米

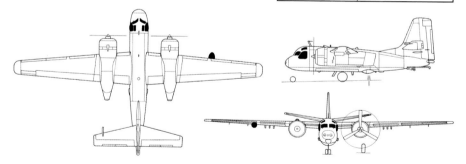

美国 S-3 "维京"（Viking）反潜机

S-3 "维京"是美国洛克希德·马丁公司生产的双发喷气式反潜机，1974年开始服役。

S-3 是全世界首款喷气式反潜机，其作战任务主要是对潜艇进行持续的搜索、监视和攻击，对己方的重要海军兵力进行反潜保护。为了长时间在海上搜索潜艇，S-3 采用低耗油量的 TF34-GE-24 涡轮风扇发动机，机尾有磁异探测器。该机的武器仓和翼下挂架可挂载常规炸弹、深水炸弹、空投水雷、鱼雷及火箭巢等武器。

基本参数	
机身长度	16.26 米
机身高度	6.93 米
翼展	20.93 米
机组成员	4 人
空重	12057 千克
最大起飞重量	23831 千克
最大航程	5121 千米
最大速度	795 千米/时
最大升限	12465 米

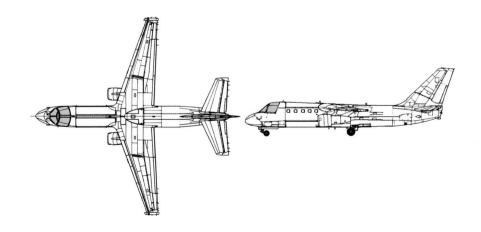

美国 EP-3 "白羊座"（Aries）电子战飞机

EP-3 "白羊座" 是 P-3 "猎户座" 海上巡逻机的电子战改型。

EP-3 的机载电子设备多由得克萨斯州 L-3 通信综合系统公司提供。借助机载电子战装备，EP-3 能完成多种侦察监视任务，尤其在监听敌方无线电通信方面作用很大。该机的动力装置为 4 台艾里逊 T56-A-14 涡桨发动机，单台功率为 3450 千瓦。EP-3 的机组为 24 人，包括 7 名军官、3 名飞行员、1 名导航员、3 名战术程序员、1 名飞行工程师。其余为设备操作员、技术员、机械员等。

基本参数	
机身长度	35.57 米
机身高度	10.27 米
翼展	30.36 米
机组成员	22 人
空重	35000 千克
最大起飞重量	64400 千克
最大航程	5400 千米
最大速度	780 千米 / 时
最大升限	9150 米

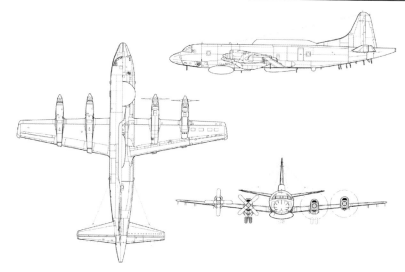

美国 EA-6 "徘徊者"（Prowler）电子战飞机

EA-6 "徘徊者"是美国格鲁曼公司研制的舰载电子对抗飞机，1971 年开始服役，主要有 EA-6A 和 EA-6B 两种型别。

EA-6A 的前 6 架由双座 A-6A 攻击机改良而成，15 架为全新生产。EA-6B 大幅改进了之前的设计，加长了机身，机组成员由 2 名增加到 4 名。EA-6B 装有 2 台普惠 J52-P408 发动机，单台推力为 47 千牛。其垂尾翼尖上有一个较大的天线，里面有灵敏侦察接收机，能够探测远距离的雷达信号。该机还可以携带 AGM-88 "哈姆"反辐射导弹，可用于攻击敌方地面雷达站。

基本参数	
机身长度	17.7 米
机身高度	4.9 米
翼展	15.9 米
机组成员	4 人
空重	15450 千克
最大起飞重量	27500 千克
最大航程	3861 千米
最大速度	920 千米 / 时
最大升限	11500 米

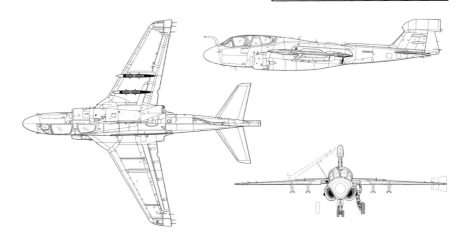

美国 EF-111A "渡鸦" (Raven) 电子战飞机

　　EF-111A"渡鸦"是以 F-111A"土豚"战斗轰炸机为基础研制的电子战飞机，1983 年开始服役。

　　EF-111A 主要执行远距干扰、突防护航和近距支援任务。该机的主要机械设备包括：战术干扰系统、终端威胁警告系统、敌我识别器、攻击雷达、地形跟踪雷达、惯性导航系统、仪表着陆系统、高频通信电台等。动力装置为 2 台普拉特·惠特尼公司的 TF30-P-3 涡轮风扇发动机，单台推力为 56 千牛，加力推力为 95 千牛。

基本参数	
机身长度	23.17 米
机身高度	6.1 米
翼展	19.2 米
机组成员	2 人
空重	25072 千克
最大起飞重量	40370 千克
最大航程	3220 千米
最大速度	2350 千米 / 时
最大升限	13715 米

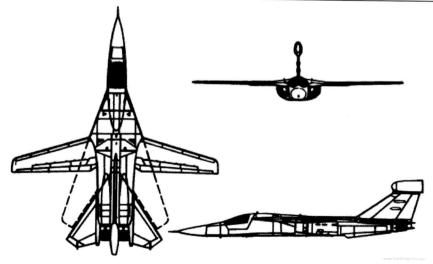

美国 JN-4 "詹尼"（Jenny）教练机

JN-4 "詹尼"是美国寇蒂斯公司在"一战"时研制的双座单发双翼教练机，于 1915 年开始服役。

JN-4 堪称"一战"中美国最成功的教练机，这点很大程度上来自其采用的寇蒂斯"公牛"5 型发动机的性能极为可靠。随着美国加入"一战"，JN-4 的订单激增，到战争结束时生产了超过 6000 架，是"一战"中美国陆航和加拿大空军使用最多的教练机。"一战"后有很多"詹尼"作为剩余物资卖给了私人。

基本参数	
机身长度	8.33 米
机身高度	3.01 米
翼展	13.3 米
机组成员	2 人
空重	630 千克
最大起飞重量	871 千克
续航时间	2 小时
最大速度	121 千米 / 时
最大升限	2000 米

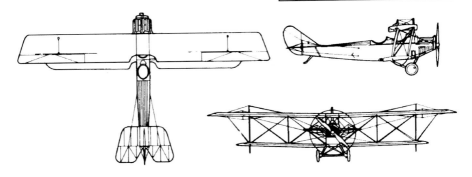

美国"托马斯·摩尔斯 S-4"(Thomas Morse S-4) 教练机

　　"托马斯·摩尔斯 S-4"是美国在"一战"期间研制的单座单发双翼教练机/战斗机。

　　S-4 的制式型号 S-4BS 安装了莫诺索帕普发动机，但其出现了严重的漏油问题，后来生产的 400 架 S-4CS 型换用功率有所下降但更为可靠的罗恩 4C 发动机。S-4 只在美国国内使用，被昵称为"汤米"，"一战"结束后迅速退出现役。很多飞机作为剩余物资卖给私人，作为竞速飞机或拍电影用飞机一直到 20 世纪 20 年代。

基本参数	
机身长度	6.05 米
机身高度	2.46 米
翼展	8.08 米
机组成员	1 人
空重	426 千克
最大起飞重量	603 千克
续航时间	2 小时
最大速度	155 千米/时
最大升限	4500 米

美国 T-2 "橡树"（Buckeye）教练机

    T-2 "橡树"是北美飞机公司应美国海军的要求而设计的喷气式教练机，1959 年开始服役。该机的使用国家除美国外，还有希腊和委内瑞拉等图。

    T-2 教练机的动力装置为 2 台 J85-GE-4 涡喷发动机，单台推力为 13.12 千牛。该机机载武器的典型配置为 7 个火箭发射巢（每个可装 2 枚 75 毫米火箭），M-5 或 MK-76 教练集束炸弹，机翼内侧挂架可挂 580 千克载荷，外侧挂架可挂载 1588 千克载荷。

基本参数	
机身长度	11.67 米
机身高度	4.51 米
翼展	11.62 米
机组成员	2 人
空重	3680 千克
最大起飞重量	5983 千克
最大航程	1683 千米
最大速度	852 千米 / 时
最大升限	13870 米

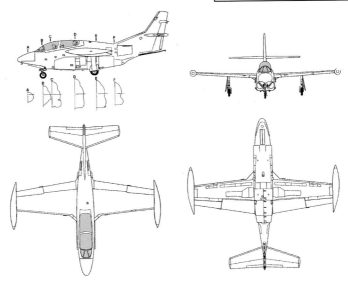

美国 T-6 "得州佬"(Texan) 教练机

T-6 "得州佬"是北美飞机公司制造的初级教练机，1935 年首次试飞。自
"二战"以来，T-6 被广泛用于训练美国陆航（
空军）、美国海军以及美国盟邦的飞行员。

T-6 教练机采用单发、双座设计，动力
装置为 1 台普惠 R-1340-AN-1 发动机，功
率为 450 千瓦。该机最多可安装 3 挺 7.62 毫
米机枪，分别安装在右翼内、鼻罩右上方、后
座尾部。除了军事用途外，T-6 也是一架受欢
迎的收藏或运动竞赛飞机。

基本参数	
机身长度	8.84 米
机身高度	3.57 米
翼展	12.81 米
机组成员	2 人
空重	1886 千克
最大起飞重量	2548 千克
最大航程	1175 千米
最大速度	335 千米 / 时
最大升限	7400 米

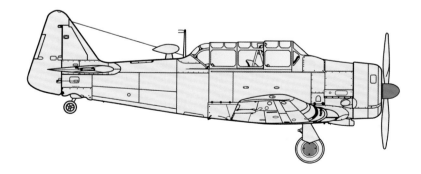

美国 T-29 教练机

  T-29 是康维尔公司在其 240/340/440 系列客机基础上发展而来的教练机，1949 年开始装备美国空军，用于培训导航员、投弹瞄准手和无线电操作员。

  T-29 采用平直形机翼、高大的垂直尾翼、方形机身舷窗。动力装置为 2 台带闭式整流罩的普惠 R-2800-103W 发动机，输出功率为 3720 千瓦。T-29D 型安装了轰炸瞄准仪和用于统计训练情况的照相机。机组成员通常是正、副驾驶员、飞机机械师、导航员各 1 人。

基本参数	
机身长度	24.14 米
机身高度	8.59 米
翼展	32.11 米
机组成员	4 人
空重	13294 千克
最大起飞重量	21363 千克
最大航程	725 千米
最大速度	472 千米/时
最大升限	7470 米

美国 T-34 "导师"(Mentor) 教练机

T-34 "导师"是美国比奇公司研制的单发螺旋桨军用教练机，1953 年开始服役。

初始生产型 T-34A 使用 1 台欧陆 O-470-13 六缸风冷活塞发动机，功率为 165 千瓦。改进型 T-34C 则使用 1 台普惠 PT6A-25 涡轮螺旋桨发动机，功率为 533 千瓦。T-34 系列教练机有 4 个外挂点，可以携带 272 千克的各类武器，包括 SUU-11 机炮吊舱、AGM-22A 空对地导弹以及炸弹和火箭弹等。

基本参数	
机身长度	8.75 米
机身高度	2.92 米
翼展	10.16 米
机组成员	2 人
空重	1342 千克
最大起飞重量	1950 千克
最大航程	1311 千米
最大速度	518 千米 / 时
最大升限	9145 米

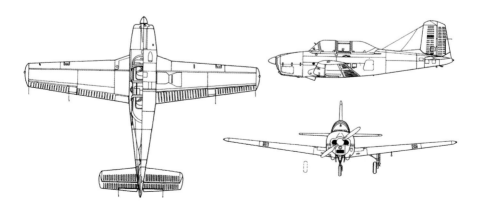

美国 T-38 "禽爪"(Talon) 教练机

　　T-38 "禽爪" 是美国诺斯罗普公司研制的双发超音速中级教练机，1961 年开始服役。

　　T-38 教练机的动力装置为 2 台通用电气 J85-GB-5 涡轮喷气发动机，单台推力为 11.93 千牛，加力推力为 17.13 千牛。T-38 的设计性能良好，并且飞行安全可靠，至今仍然保持着美国空军超音速飞机的最佳安全纪录。截至 1971 年，T-38 的事故率为 1.2/100000 飞行小时。美国国家航空宇航局也用 T-38 来训练宇航员。

基本参数	
机身长度	14.14 米
机身高度	3.92 米
翼展	7.7 米
机组成员	2 人
空重	3270 千克
最大起飞重量	5485 千克
最大航程	1835 千米
最大速度	1381 千米 / 时
最大升限	15240 米

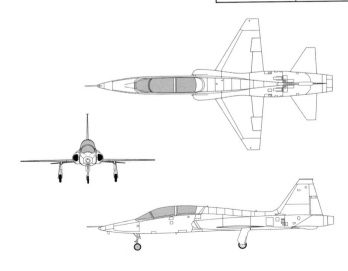

美国 T-45 "苍鹰"（Goshawk）教练机

　　T-45 "苍鹰" 是美国麦克唐纳·道格拉斯公司在英国 "鹰" 式教练／攻击机基础上研制的高级教练机，1988 年首次试飞。

　　T-45 以 "鹰" 式教练／攻击机为基础设计，外表相差无几，但为顾及美国海军的要求：机翼前缘加上了电动油压驱动的襟翼，以便在降落时伸出去产生更多升力，内部结构重新设计和强化。起落架重新设计以承受更大的冲击力，前起落架是双轮并加上拖杆。后机身两侧加上减速板，后机身下方加上尾钩并强化结构。

基本参数	
机身长度	11.99 米
机身高度	4.08 米
翼展	9.39 米
机组成员	2 人
空重	4460 千克
最大起飞重量	6387 千克
最大航程	1288 千米
最大速度	1038 千米／时
最大升限	12950 米

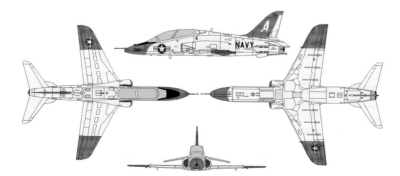

美国 V-22 "鱼鹰" 倾转旋翼机

V-22 是美国贝尔公司和波音公司联合设计制造的倾转旋翼机,绰号"鱼鹰"（Osprey），可作为运输机使用。

V-22 倾转旋翼机将直升机和固定翼飞机的特点和长处集于一体，实现了两者的完美结合。总的来说,倾转旋翼机具有速度快、噪声小、振动小、航程远、载重量大、耗油率低、运输成本低等优点，但也有技术难度高、研制周期长、气动特性复杂、可靠性及安全性低等缺陷。

基本参数	
机身长度	17.5 米
机身高度	5.5 米
翼展	14 米
机组成员	4 人
空重	15032 千克
最大起飞重量	27400 千克
最大航程	1627 千米
最大速度	565 千米 / 时
最大升限	7620 米

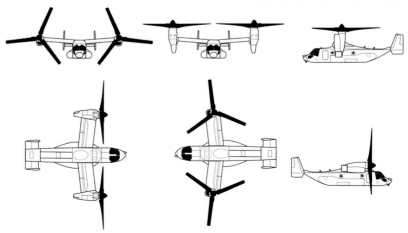

乌克兰 An-12 "幼狐"（Cub）运输机

An-12 是安东诺夫设计局研制的四发运输机，1957 年开始服役。

An-12 有多种型别，其中 An-12BP 是标准军用型。An-12 客货混合型，主要用于民航运输。An-12 电子情报搜集机，机身下两侧增加 4 个泡形雷达整流罩。An-12 电子对抗型在机头和垂尾内增加了电子设备舱。An-12 北极运输型主要适用于北极雪地和高寒地带，机身下装有雪上滑橇，载重性能与标准型一样。An-12 系列的动力装置为 4 台伊夫钦科 AH-20K 发动机，单台功率为 3000 千瓦。

基本参数	
机身长度	33.1 米
机身高度	10.53 米
翼展	38 米
机组成员	5 人
空重	28000 千克
最大起飞重量	61000 千克
最大航程	5700 千米
最大速度	777 千米 / 时
最大升限	10200 米

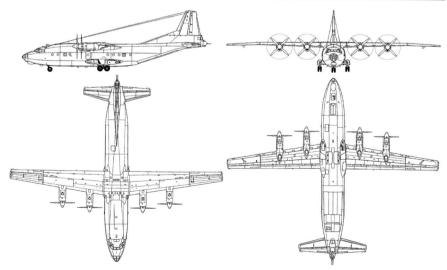

乌克兰 An-22 "雄鸡"（Cock）运输机

　　An-22 "雄鸡"是安东诺夫设计局研制的远程重型运输机，于 1967 年开始服役。

　　An-22 采用 4 台库兹涅佐夫 HK-12MA 涡桨发动机，单台功率为 11032 千瓦。该机具备在野战机场起降的能力，起落架轮胎气压可在飞行或停放时进行调节，以适应不同的跑道条件。An-22 货舱容积为 640 立方米，可运载地空导弹、火箭发射车、导弹运输车、坦克等。驾驶舱内机组成员 5 ~ 6 人，驾驶舱后面有一个与主货舱隔开的可容纳 28 ~ 29 名乘客的机舱。

基本参数	
机身长度	57.9 米
机身高度	12.53 米
翼展	64.4 米
机组成员	6 人
空重	114000 千克
最大起飞重量	250000 千克
最大航程	5000 千米
最大速度	740 千米 / 时

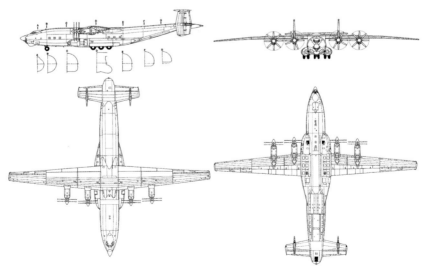

乌克兰 An-32 "斜坡"（Cline）运输机

　　An-32 "斜坡" 是安东诺夫设计局研制的双发中短程运输机，1976 年首次试飞。

　　An-32 的主要机载设备包括 2 台甚高频无线电收发机、1 台高频收发机和机内通话设备、2 台自动测向器、无线电高度表、下滑航迹接收机、下滑坡度接收机、信标接收机、气象导航雷达、航向陀螺和飞行记录仪等。该机的动力装置为 2 台伊伏琴科 AI-20D 发动机。舱内可载 39 名伞兵，或 24 名担架伤员和 1 名医护人员。

基本参数	
机身长度	23.78 米
机身高度	8.75 米
翼展	29.2 米
机组成员	4 人
空重	16800 千克
最大起飞重量	27000 千克
最大航程	2500 千米
最大速度	530 千米 / 时
最大升限	9500 米

乌克兰 An-70 运输机

An-70 是安东诺夫设计局研制的宽体短距起落中型军用运输机。

An-70 在 3800 ~ 6600 千米的距离上能运载 25 ~ 35 吨货物，载重能力与美国 C-141 运输机相近。该机可执行各种高度空投任务，如重达 20 吨的单件物品，也可以运载 300 名全副武装的士兵或 206 名伤病员。An-70 能够在铺设层不厚的 180 米长的水泥跑道上起降，还可以在未经铺设的 600 ~ 900 米的跑道上起降。

基本参数	
机身长度	40.7 米
机身高度	16.38 米
翼展	44.06 米
机组成员	3 ~ 5 人
空重	66230 千克
最大起飞重量	145000 千克
最大航程	6600 千米
最大速度	780 千米/时
最大升限	12000 米

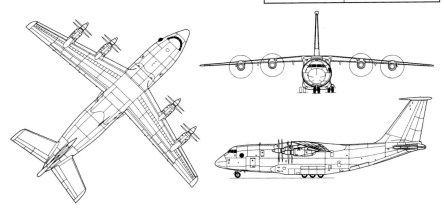

乌克兰 An-72 "运煤车" (Coaler) 运输机

　　An-72 "运煤车"是安东诺夫设计局研制的双发短距起落运输机，于 1977 年首次试飞。

　　An-72 的动力装置为 2 台洛塔列夫 D-36 高涵道比涡扇发动机。起飞滑跑距离为 930 米，着陆滑跑距离为 465 米。该机的主要机载设备包括机头舱内装有导航和气象雷、多普勒自动导航系统以及地图显示装置。座舱内有正、副驾驶员和飞行工程师，主货舱可运送 32 名乘客或 24 名伤员和 1 名护士。

基本参数	
机身长度	28.07 米
机身高度	8.65 米
翼展	31.89 米
机组成员	5 人
空重	19050 千克
最大起飞重量	34500 千克
最大航程	4325 千米
最大速度	700 千米 / 时
最大升限	10700 米

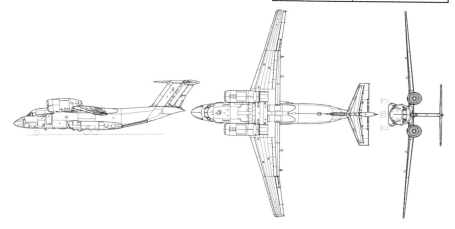

乌克兰 An-124 "秃鹰"（Condor）运输机

An-124 "秃鹰" 是安东诺夫设计局研制的四发远程运输机，于 1986 年服役。

An-124 粗大的机身呈梨形截面，主翼为后掠下反式上单翼。翼下 4 个短舱内，装有推力为 230 千牛的 D-18T 涡扇发动机。该发动机由扎波罗什 "进步" 机器制造设计局研制，带有反推力装置。An-124 的机腹贴近地面，机头机尾均设有全尺寸货舱门，分别向上和向左右打开，货物能在贯穿货舱中自由出入。

基本参数	
机身长度	68.96 米
机身高度	20.78 米
翼展	73.3 米
机组成员	6 人
空重	175000 千克
最大起飞重量	405000 千克
最大航程	5200 千米
最大速度	865 千米 / 时
最大升限	12000 米

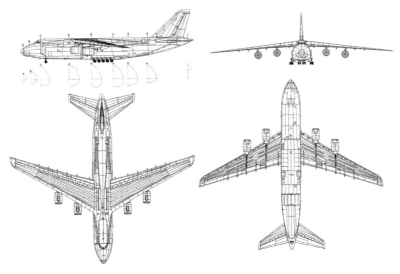

乌克兰 An-225 "哥萨克"（Cossack）运输机

An-225 "哥萨克"是安东诺夫设计局研制的六发重型运输机，目前仍是全世界最大的运输机。

An-225 货舱内可装载 16 个集装箱，大型航空航天器部件和其他成套设备，或天然气、石油、采矿、能源等行业的大型成套设备和部件。机身顶部可背负超长尺寸的货物，如直径 7 ~ 10 米的精馏塔、俄罗斯的"能源"号航天器运载火箭和"暴风雪"号航天飞机等。这样将大型器件从生产装配厂整个运送至使用场所既保证了产品质量，又缩短了运输周期。

基本参数	
机身长度	84 米
机身高度	18.1 米
翼展	88.4 米
机组成员	6 人
空重	285000 千克
最大起飞重量	640000 千克
最大航程	15400 千米
最大速度	850 千米 / 时
最大升限	11000 米

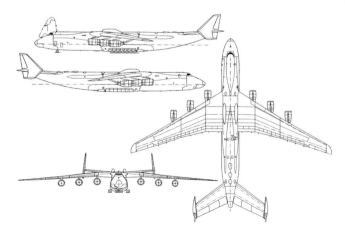

俄罗斯 II-76 "耿直"（Candid）运输机

　　II-76 "耿直"是伊留申设计局研制的四发中远程运输机，于 1971 年首次试飞，1974 年开始服役。

　　II-76 的设计目标是能够运载超过 40 吨的货物于 6 小时内飞行超过 5000 千米，也可以在苏联境内多数机场设备不全或设施简单的机场起飞，同时要适应苏联不同气候，主要是要克服近极地的严寒气候和高加索地区气温多变的环境。据统计，II-76 的每吨 / 千米使用成本比 An-12 低 40% 以上。

基本参数	
机身长度	46.59 米
机身高度	14.76 米
翼展	50.5 米
机组成员	5 人
空重	92500 千克
最大起飞重量	195000 千克
最大航程	4300 千米
最大速度	900 千米 / 时
最大升限	13000 米

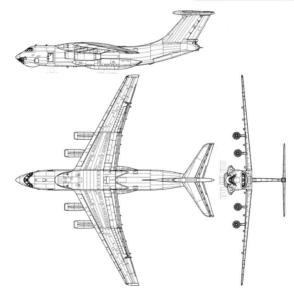

俄罗斯 Il–78 "大富翁" (Midas) 空中加油机

　　Il–78 "大富翁" 是伊留申设计局在 Il–76 运输机基础上改良的空中加油机，1984 年开始服役。

　　Il–78 主要用于给远程飞机、前线飞机和军用运输机进行空中加油，同时还可用作运输机，并可向机动机场紧急运送燃油。Il–78 在两翼和机尾各装有 1 台 UPAZ–1 加油夹舱，每台吊舱的正常输油量约为 1000 升 / 分，并可同时为 3 架飞机加油。Il–78 机尾并无武装，炮手位置由加油控制员取代。

基本参数	
机身长度	46.59 米
机身高度	14.76 米
翼展	50.5 米
机组成员	6 人
空重	72000 千克
最大起飞重量	210000 千克
最大航程	7300 千米
最大速度	850 千米 / 时
最大升限	12000 米

俄罗斯 Tu-126 "苔藓"（Moss）预警机

Tu-126 "苔藓" 是苏联图波列夫设计局研制的预警机，1965 年开始服役。

Tu-126 是以 Tu-114 客机为基础改装而成。机体与 Tu-114 基本相同，但在机头加装了空中受油管，尾部有腹鳍，机身上部装有直径为 11 米的旋转雷达天线罩。动力装置为 4 台 NK-12MV 涡桨发动机，单台功率为 11033 千瓦，各驱动 2 具直径 5.6 米共轴反转螺旋桨，机内载油量为 60000 千克。机载电子设备除雷达外，还有 SRO-2M 敌我识别器、SIRENA-3 护尾雷达、近距导航仪和远距惯性导航系统等。

基本参数	
机身长度	56.5 米
机身高度	16.05 米
翼展	51.4 米
机组成员	12 人
空重	103000 千克
最大起飞重量	171000 千克
最大航程	7000 千米
最大速度	790 千米 / 时
最大升限	10700 米

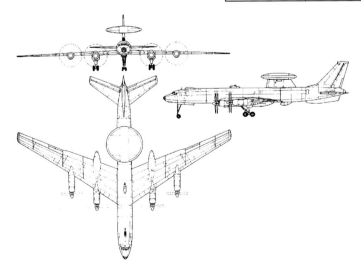

俄罗斯 A-50 "支柱"（Mainstay）预警机

A-50 "支柱"是以伊尔 -76 运输机为基础改进的预警机，1984 年装备部队，目前仍在俄罗斯和印度军队中服役。

A-50 初期型装备的 "野蜂"雷达为高重复频率脉冲多普勒雷达，采用了 S 波段的发射机，发射功率为 20 千瓦。后期的 A-50U 型装备了新型雷达系统 "熊蜂 -M"，可对敌方电子反制武器进行确定与跟踪，原来存在的强烈噪声和高频行踪问题也有所克服。A-50U 还加强了目标识别、处理速度、无线通信、精确导航等功能，探测目标距离和跟踪目标数量均有所增加。

基本参数	
机身长度	49.59 米
机身高度	14.76 米
翼展	50.5 米
机组成员	15 人
空重	75000 千克
最大起飞重量	170000 千克
最大航程	6400 千米
最大速度	900 千米 / 时
最大升限	12000 米

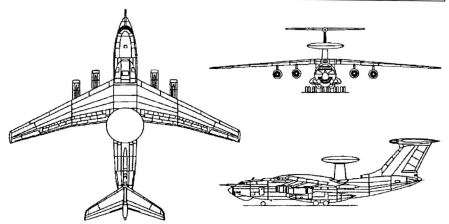

俄罗斯 Be-6 "马奇"（Madge）反潜机

Be-6 "马奇"是别里耶夫设计局研制的反潜机，1949 年首次试飞。

Be-6 的机身如同船身，内部有水密隔舱以防机身入水，机尾有船舵令可在水上转弯，机翼采用海鸥翼方便将发动机抬高，避免海水影响其工作。Be-6 装备 2 台 ASH-72 活塞发动机，功率为 1765 千瓦。防御武器为机鼻上的 1 门和背部炮塔的 2 门 20 毫米机炮，翼下 4 个挂架也可挂鱼雷、水雷、深水炸弹和炸弹。该机的探测设备比较简单，主要探测设备是机身下部的 1 部对海搜索雷达。

基本参数	
机身长度	23.5 米
机身高度	33 米
翼展	7.64 米
机组成员	8 人
空重	18827 千克
最大起飞重量	29000 千克
最大航程	5000 千米
最大速度	414 千米 / 时
最大升限	6100 米

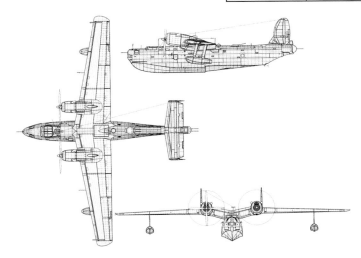

俄罗斯 Be-12 "海鸥"（Chayka）反潜巡逻机

Be-12 "海鸥" 是 Be-6 的后继机型，1960 年首次试飞。

Be-12 沿用 Be-6 的海鸥翼，翼端有浮舟，机身也是船形，内有 10 个水密隔舱，机内备有救生艇，机头有小丑鼻形雷达罩，驾驶舱在其后方，正、副驾驶皆坐在弹射椅上，驾驶舱下有观测窗的观测舱，机尾有磁异探测器，起落架是可伸缩的。该机装有 2 门 23 毫米防卫机炮，另可挂载 1500 千克鱼雷和炸弹。

基本参数	
机身长度	30.11 米
机身高度	7.94 米
翼展	29.84 米
机组成员	4 人
空重	24000 千克
最大起飞重量	36000 千克
最大航程	3300 千米
最大速度	530 千米 / 时
最大升限	8000 米

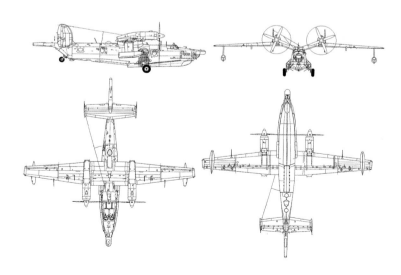

苏联 Il-38 "山楂花" (May) 反潜机 / 巡逻机

Il-38 "山楂花" 是在 Il-18 客机基础上改进的反潜 / 巡逻机，1967 年首次试飞。

Il-38 机头下部有大型雷达罩，尾部装有磁场异常探测器。机舱前部为三人驾驶舱，机身中部为作战舱，机组成员 10 ~ 12 人。机翼前后的机身下部为前后两个武器舱，可携带声呐浮标和反潜武器。该机巡逻范围包括北极和冰岛等广大区域。Il-38 升限为 11000 米，在同类巡逻飞机中飞行高度最高。部分 Il-38 加装了电子侦察装置，可执行类似美国 EP-3 电子侦察机的任务。

基本参数	
机身长度	39.6 米
机身高度	10.16 米
翼展	37.42 米
机组成员	10 ~ 12 人
空重	33700 千克
最大起飞重量	63500 千克
最大航程	9500 千米
最大速度	724 千米 / 时
最大升限	11000 米

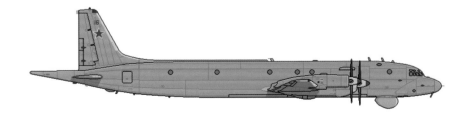

俄罗斯 Tu-142 "熊 F" (Bear-F) 反潜机

　　Tu-142 "熊 F" 是图波列夫设计局在 Tu-95 轰炸机基础上研制的反潜机，1972 年开始服役。

　　Tu-142 装有 4 台功率为 10300 千瓦的涡桨发动机，机上有"金雕 -95"搜索瞄准系统。改进型 Tu-142M 主要对电子设备进行了改进，换装了性能更好的"鸢"式搜索瞄准系统。性能最好的 Tu-142M3 则增加了新型"海龙"对海搜索雷达、新型反潜声呐系统和反潜武器，加强了电子对抗设备及卫星通信导航系统，强化了对水面舰艇和潜艇的探测和打击能力。

基本参数	
机身长度	53.08 米
机身高度	12.12 米
翼展	50 米
机组成员	11 ~ 13 人
空重	90000 千克
最大起飞重量	185000 千克
最大航程	6500 千米
最大速度	925 千米 / 时
最大升限	12000 米

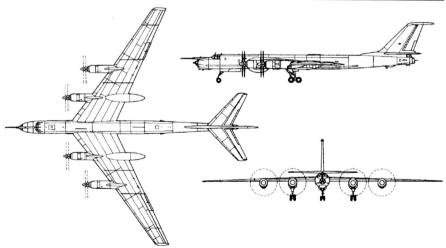

俄罗斯 II–12 运输机

Ⅱ–12 在 20 世纪 40 年代后期和 50 年代前期是高空飞行性能较好的运输机，作军用运输机时可空运或投兵员、轻型装备，是比里 –2 飞机飞得更快、更远的运输机和旅客机。

Ⅱ–12 采用全金属下单翼结构，起落架为前三点式，发动机功率较大并装有二级增压设备，还安装了仪表飞行、高空飞行、跳伞及防火防冰设备。

基本参数	
机身长度	21.31 米
机身高度	8.07 米
翼展	31.7 米
机组成员	3 人
空重	11045 千克
最大起飞重量	17250 千克
最大航程	3300 千米
最大速度	407 千米 / 时
实用升限	8950 米

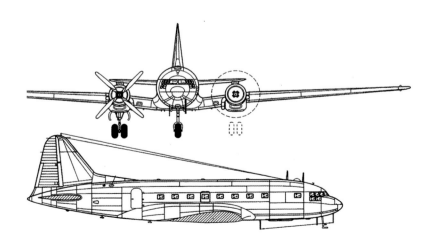

俄罗斯 Il-20 "黑鸦"（Coot）电子战飞机

Il-20 "黑鸦"是以 Il-18 民航客机为基础改进的电子战飞机，1948 年首次试飞。

Il-20 外形与 Il-18 相同，但加装了大量天线罩与天线，其中有：在腹部装有长 10.25 米、高 1.15 米的雷达罩，内装侧视雷达天线；在前机身两侧各有 1 个长 4.4 米、厚 0.88 米的整流罩，内装各种传感器及照相机。该机的动力装置为 4 台 AI-20M 涡轮螺旋桨发动机，单台功率为 3169 千瓦。机上装备侧视雷达、照明设备、RP5N-3N 航空雷达、NAS-1 多普勒导航系统、电子侦察与干扰设备等。

基本参数	
机身长度	35.9 米
机身高度	10.17 米
翼展	37.4 米
机组成员	9 人
空重	35000 千克
最大起飞重量	64000 千克
最大航程	6500 千米
最大速度	675 千米 / 时
最大升限	11800 米

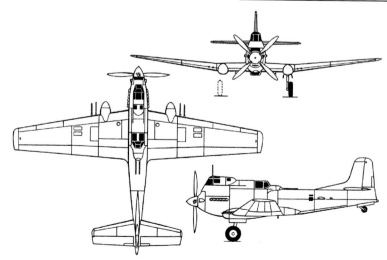

俄罗斯 M–55 侦察机

M–55 飞机是 20 世纪 80 年代末为苏联国防部研制的高空战略侦察机。

M–55 机上装 2 台涡扇发动机。目前，研制单位正设法增加飞机航程以满足空军需求。改进工作包括提高飞机飞行控制系统能力、在两侧机翼翼尖安装翼尖挡板。改进后飞机续航时间从 6.5 小时延长到至少 8 小时，有效载荷从 2 吨增加到 3 吨，从而可以搭载更多的侦察和目标定位设备。

基本参数	
机身长度	22.87 米
机身高度	4.80 米
翼展	37.46 米
机组成员	1 人
空重	14000 千克
最大起飞重量	23800 千克
航程	4965 千米
最大速度	750 千米 / 时
最大升限	20000 米

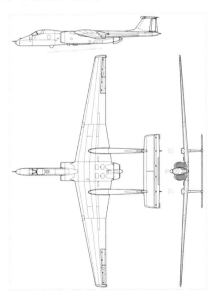

英国"海象"(Walrus)水上飞机

　　"海象"英国是休泼马林公司研制的水上飞机，1933 年首次试飞，1935 年开始服役。

　　可轨道弹射起飞的"海象"被广泛装备于英国海军的各种大型战舰。战争期间，"海象"通常担任侦察 / 搜救工作，部分"海象"还安装了反潜雷达，担任反潜机。速度极慢的"海象"是战斗机非常好的猎物，"二战"中任何战斗机在空战中对它都有绝对的优势。但是面对潜艇时，猎物变为了猎人，一共有 5 艘德国潜艇被"海象"击伤或击沉。

基本参数	
机身长度	11.45 米
机身高度	4.6 米
翼展	14 米
机组成员	3 ~ 4 人
空重	2220 千克
最大起飞重量	3650 千克
最大航程	965 千米
最大速度	215 千米 / 时
最大升限	5650 米

英国"塘鹅"(Gannet) 反潜机

"塘鹅"是英国费尔雷公司研发的舰载反潜机，1953 年开始服役。

由于该机装备大型发动机，导致机体肥胖臃肿，看起来颇像一只笨拙的大鹅，因此被定名为"塘鹅"，还有人说它堪称"世界上最丑陋的军用飞机"。该机的动力装置为 1 台"双曼巴"100 发动机，输出功率为 2199 千瓦。"塘鹅"弹舱中可携带 907 千克炸弹（深水炸弹、水雷），或在翼下两个挂架携带同样重量的火箭弹。

基本参数	
机身长度	13 米
机身高度	4.19 米
翼展	16.56 米
机组成员	3 人
空重	6835 千克
最大起飞重量	10657 千克
最大航程	995 千米
最大速度	500 千米 / 时
最大升限	7600 米

英国 DH 82 "虎蛾"（Tiger Moth）教练机

DH 82 "虎蛾" 是英国德·哈维兰公司研制的教练机，1932 年开始服役。

"虎蛾"具有非常好的可操作性和安全性，很多飞行员甚至称呼它为"闭着眼睛都可以安全驾驶的飞机"。除英国以外，加拿大、澳大利亚和新西兰都生产过"虎蛾"，用于培训本国的军民飞行员。"虎蛾"在问世以后，不断经历着修改，包括将开放式飞行座舱改为封闭式坐舱、改进制动系统、尾撬改为尾轮等。

基本参数	
机身长度	7.34 米
机身高度	2.68 米
翼展	8.94 米
机组成员	2 人
空重	506 千克
最大起飞重量	828 千克
最大航程	486 千米
最大速度	175 千米 / 时
最大升限	4145 米

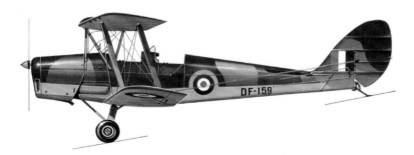

英国 DH 89 "牧师"（Dominie）教练机

　　DH 89 "牧师"是英国德·哈维兰公司研制的教练机，于 1934 年首次试飞。

　　"牧师"是"速龙"民用客机的改型，被英国空军选中作为联络机。德·哈维兰公司于 1937—1938 年完成了首批订单，后英国空军于 1939 年追加了 17 架用于无线电导航培训。教练机"牧师"正式型号为"牧师"MK. Ⅰ 型，联络型军用编号则为"牧师"MK. Ⅱ。"二战"初期在英国空军服役的"牧师"中，除了新生产的军用型号外，还有一批被征用的战前制造的民用型号。

基本参数	
机身长度	10.5 米
机身高度	3.1 米
翼展	14.6 米
机组成员	1 人
空重	1460 千克
最大起飞重量	2490 千克
最大航程	920 千米
最大速度	253 千米/时
最大升限	5090 米

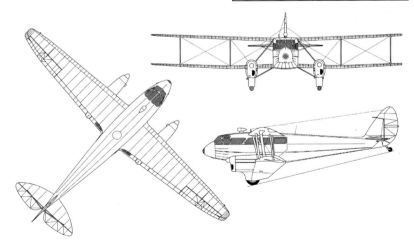

英国"山雀"(Tomtit) 教练机

　　"山雀"是英国霍克飞机公司研制的教练机，1928 年年末进入英国空军服役，取代了阿芙罗 504 系列初级教练机。得益于上机翼安装的汉德利·佩奇自动开缝式襟翼，"山雀"在英国空军使用中表现出优异的可操纵性。

　　1928—1931 年，英国航空部分 3 次共订购了 25 架"山雀"。第一批"山雀"大多装备英国皇家空军位与格兰瑟姆的第三飞行训练学校，后续飞机装备位于惠特林的中央飞行学校。

基本参数	
机身长度	7.25 米
机身高度	2.68 米
翼展	8.71 米
机组成员	2 人
空重	499 千克
最大起飞重量	794 千克
最大航程	560 千米
最大速度	198 千米 / 时
最大升限	5944 米

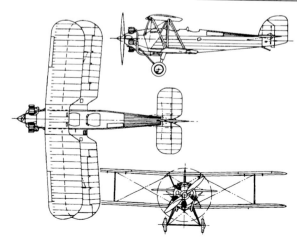

法国 "高德隆 G.3"（Caudron G.3）侦察机

"高德隆 G.3" 是法国高德隆公司研制的双座单发双翼侦察机，于 1914 年开始服役。

G.3 是战前由高德隆公司生产的 C、D 和 E 型飞机发展而来的最终型号。该机虽然是推进式飞机，但是却采用拉进式发动机布局。G.3 于 1914 年首次加入法国空军，实战中用作侦察机和初级教练机。该机产量较大，仅高德隆就生产了 1420 架，英国还制造了若干小批量生产型号。

基本参数	
机身长度	6.4 米
机身高度	2.5 米
翼展	13.4 米
机组成员	1 人
空重	420 千克
最大起飞重量	710 千克
续航时间	4 小时
最大速度	106 千米 / 时
最大升限	4300 米

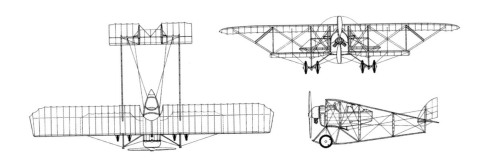

法国"法尔芒 HF.20"（Farman HF.20）侦察机

　　"法尔芒 HF.20"是法国在"一战"时研制的侦察机 / 轻型轰炸机，1913 年首次试飞。

　　"法尔芒 HF.20"的发动机按照流行的推进式布局紧贴在双人座舱后面。虽然该机操作不灵活、稳定性差，但性能稳定，英国和意大利等国家都进行了许可证生产。"法尔芒 HF.20"系列在"一战"初期到 1915 年中期一直是同盟国的主战飞机，随后被用作教练机直到战争结束。

基本参数	
机身长度	8.3 米
机身高度	3.2 米
翼展	14 米
机组成员	2 人
空重	360 千克
最大起飞重量	660 千克
最大航程	250 千米
最大速度	110 千米 / 时
最长续航时间	5 小时

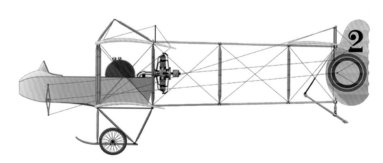

德国 Ju 52 "容克大婶"（Tante Ju）运输机

  Ju 52 "容克大婶"是德国容克斯公司研制的运输机，"二战"前作为民航机开辟了多条新航线，"二战"中几乎参加了德军所有的行动。

  Ju 52 外形丑陋，全机使用波纹铝蒙皮，机身轮廓棱角分明，粗壮的起落架支柱从机身中伸出，采用了容克斯公司独特的两段式襟翼。Ju 52 除了机翼上的 2 台发动机外，机鼻上还装着 1 台。波纹铝蒙皮能减小阻力并承担一部分结构载荷、不能收起的起落架简单坚固，适合在野战机场着陆，三发布局马力大、安全性好，这就是容克斯公司引以为傲的设计。

基本参数	
机身长度	18.9 米
机身高度	4.5 米
翼展	29.25 米
机组成员	3 人
空重	6510 千克
最大起飞重量	10990 千克
最大航程	870 千米
最大速度	265 千米 / 时
最大升限	5490 米

法德 "阿尔法喷气"（Alpha Jet）教练 / 攻击机

　　"阿尔法喷气"是法国达索飞机公司和德国道尼尔公司联合研制的教练 / 攻击机，1975 年服役部队。

　　"阿尔法喷气"有 E(教练型) 和 A(攻击型) 两种型别。该机可携带 1 门吊舱式 30 毫米 "德发" 或 27 毫米 "毛瑟" 机炮，备弹 150 发。该机有 3 个外挂点，可携带空对空导弹、空对地导弹、火箭弹、炸弹等。"阿尔法喷气" 的动力装置为 2 台 "拉扎克" O4–C5 型涡轮风扇发动机，单台推力为 13.23 千牛。

基本参数	
机身长度	12.29 米
机身高度	4.19 米
翼展	9.11 米
机组成员	2 人
空重	3475 千克
最大起飞重量	7380 千克
最大航程	2940 千米
最大速度	1000 千米 / 时
最大升限	14630 米

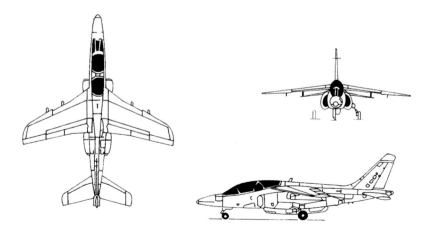

意大利 MB-326 教练 / 攻击机

　　MB-326 是意大利马基公司于 20 世纪 50 年代研制的教练 / 攻击机，1962 年开始服役。

　　MB-326 采用劳斯莱斯"蝰蛇"发动机，可用于喷气式飞行员训练的全部阶段，其问世刚好处于各国空军一线飞机从"二战"时的活塞式飞机向性能已经赶上前者的喷气式飞机的转型期，市场前景广阔。MB-326 衍生出的单座和双座对地攻击型号都具备在翼下 6 个挂架携带武器的能力，可选挂载 1815 千克炸弹、火箭弹和机炮吊舱。

基本参数	
机身长度	10.65 米
机身高度	3.72 米
翼展	10.56 米
机组成员	1 ~ 2 人
空重	2237 千克
最大起飞重量	3765 千克
最大航程	1665 千米
最大速度	806 千米 / 时
最大升限	12500 米

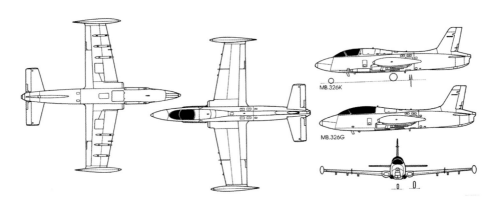

MB.326K

MB.326G

意大利 MB-339 教练 / 攻击机

MB-339 是意大利马基公司为意大利空军研制的教练 / 攻击机。

MB-339 采用常规气动外形布局，机身为全金属半硬壳结构。驾驶舱为增压座舱，串列双座，后座比前座高 32.5 厘米，这样前、后座均有良好的视界。该机 6 个翼下挂点共载 1815 千克外挂武器，可挂载小型机枪吊舱、集束炸弹、火箭弹、空对空导弹和反舰导弹等。动力装置为 1 台劳斯莱斯公司"威派尔" MK632-43 发动机，推力为 18 千牛。

基本参数	
机身长度	10.97 米
机身高度	3.6 米
翼展	10.86 米
机组成员	1 ~ 2 人
空重	3075 千克
最大起飞重量	5897 千克
最大航程	1760 千米
最大速度	898 千米 / 时
最大升限	14630 米

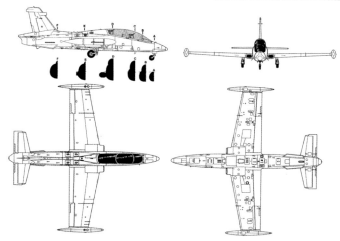

加拿大 DHC-5 "水牛"（Buffalo）运输机

　　DHC-5 "水牛"是加拿大德·哈维兰公司研制的短距起落多用途运输机，1965 年开始服役。

　　DHC-5 共有 5 种型别，除了首批生产型 DHC-5A 和主要生产型 DHC-5D 以外，还有 DHC-5B 和 DHC-5C，分别安装 CT64-P4C 和劳斯莱斯 "达特" RDa.12 发动机，但未正式投产。DHC-5E 民用运输型，至今只生产 2 架。通常情况下，DHC-5 系列有 3 名机组成员，另可搭载 41 名士兵、35 名伞兵或 8164 千克货物。

基本参数	
机身长度	24.08 米
机身高度	8.73 米
翼展	29.26 米
机组成员	3 人
空重	11412 千克
最大起飞重量	22316 千克
最大航程	1112 千米
最大速度	467 千米 / 时
最大升限	9450 米

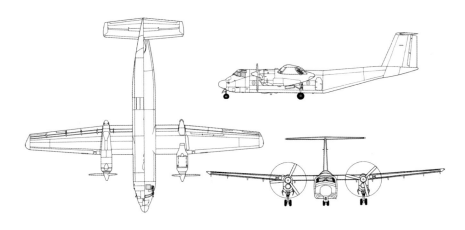

捷克斯洛伐克 L-29 "海豚" (Delfín) 教练机

L-29 "海豚" 是捷克斯洛伐克研制的军用喷气式教练机, 1961 年开始服役。

L-29 的基本设计概念是简约、易于生产和易于操控。其简单和耐用的特性体现于全手动飞行操控、大的襟翼和机身两侧使飞机平滑、稳定地航行的穿孔气闸, 这些特性使它获得了良好的安全飞行记录。L-29 用来进行基本、中级和带武器的训练。在进行武器训练时, 可在飞机的外挂点上挂载机枪、炸弹或火箭。

基本参数	
机身长度	10.81 米
机身高度	3.13 米
翼展	10.29 米
机组成员	2 人
空重	2280 千克
最大起飞重量	3540 千克
最大航程	894 千米
最大速度	655 千米 / 时
最大升限	11000 米

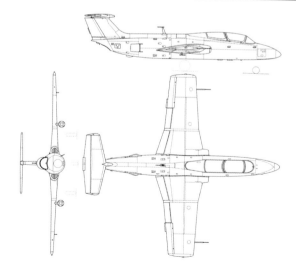

捷克斯洛伐克 L-39 "信天翁"（Albatros）教练 / 攻击机

L-39 "信天翁" 是捷克斯洛伐克沃多霍迪公司研制的高级教练机，也可作为轻型攻击机使用。

L-39 可靠性高、易于维护、便于保养，有较长的服役寿命。该机采用了耗油率低的 AL-25TL 涡轮风扇发动机，进气口位置较高，有防护装置，增强了抗外来物撞击的能力。L-39 易于操纵，在轻型螺旋桨飞机上受过基础训练的飞行学员可直接驾驶 L-39。L-39 在恶劣的气候或高温多尘等环境中都能保持其良好的性能。

基本参数	
机身长度	12.13 米
机身高度	4.77 米
翼展	9.46 米
机组成员	2 人
空重	3455 千克
最大起飞重量	4700 千克
最大航程	1100 千米
最大速度	750 千米 / 时
最大升限	11000 米

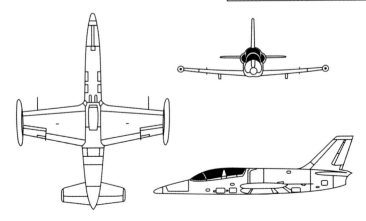

第5章 勤务飞机

巴西 EMB-312 "巨嘴鸟"(Tucano) 教练 / 攻击机

EMB-312 "巨嘴鸟"是巴西航空工业公司研制的初级教练机，也可作为攻击机使用，1983 年开始服役。

EMB-312 机动性较好，具有较高的安定性，能在简易跑道上短距起落。制造上采用数控整体机械加工、化学铣切和金属胶接等先进工艺技术。机翼采用悬臂式下单翼，单缝后缘襟翼，用铝合金制造，由钢滑轨支承。机身为铝合金常规半硬壳结构。尾翼为与机翼结构相似的悬臂式全金属结构。

基本参数	
机身长度	9.86 米
机身高度	3.4 米
翼展	11.14 米
机组成员	2 人
空重	1810 千克
最大起飞重量	3175 千克
最大航程	1916 千米
最大速度	458 千米 / 时
最大升限	8750 米

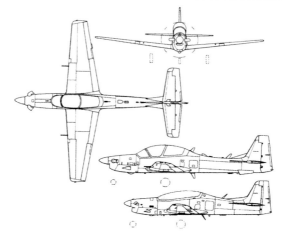

319

阿根廷 IA-63 "彭巴"（Pampa）教练 / 攻击机

IA-63 "彭巴"是阿根廷委托德国多尼尔公司研发的喷气式教练 / 攻击机，1988 年开始服役。

IA-63 的机身为全金属半硬壳式结构，驾驶舱为典型的纵向双座位设计。机身后方左、右各有一块油压推动的减速板，机翼为梯形高翼，并有一定下反角，左、右翼下各有两个挂架可分别挂载 400 千克武器或副油箱。IA-63 的动力装置为 1 台盖瑞特 TFE731-2-2N 发动机，推力为 15.57 千牛。

基本参数	
机身长度	10.93 米
机身高度	4.29 米
翼展	9.69 米
机组成员	2 人
空重	2821 千克
最大起飞重量	5000 千克
最大航程	1500 千米
最大速度	819 千米 / 时
最大升限	12900 米

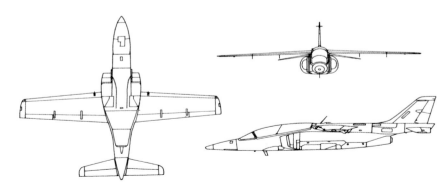

罗马尼亚 IAR-99 "隼"（Șoim）式教练 / 攻击机

IAR-99 "隼"是罗马尼亚航空研究院设计的教练 / 攻击机。

IAR-99 采用典型喷气式教练机设计，其机身为全金属半硬壳式结构，控制系统为两套油压式系统以控制副翼和襟翼等控制翼面以及起落架收放。机翼内可载 1100 升燃料，左、右机翼下各有两个挂架可挂载副油箱和各种空用武器。IAR-99 无固定机炮武装，但可在机身下挂架挂载内置 1 门 GSh-23 机炮再加 200 发炮弹的夹舱。该机的动力装置为 1 台劳斯莱斯 "蝮蛇" Mk632 发动机。

基本参数	
机身长度	11.01 米
机身高度	3.9 米
翼展	9.85 米
机组成员	2 人
空重	3200 千克
最大起飞重量	5560 千克
最大航程	1100 千米
最大速度	865 千米 / 时
最大升限	12900 米

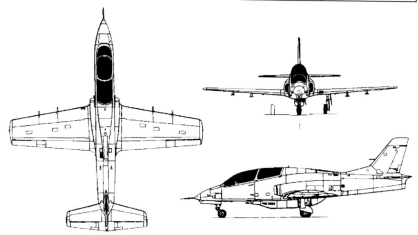

南斯拉夫 G-2 "海鸥"（Galeb）教练 / 攻击机

G-2 "海鸥"是南斯拉夫自主研制的第一种喷气式飞机。

虽然"海鸥"采用了英国劳斯莱斯公司提供的"蝮蛇"2/22-6 型发动机，推力达 11.12 千牛，比当时东欧国家普遍使用的苏联发动机都要先进，但"海鸥"的最大速度仅有 812 千米 / 时。该机机头部位装有 2 挺 12.7 毫米机枪，机翼下面可以携带 2 枚 50 ～ 100 千克炸弹或火箭弹。与"海鸥"相比，"隼"的主要变化是从双座改为单座，机身进行强化，发动机推力增加 2.2 千牛，外挂点增至 8 个。

基本参数	
机身长度	10.34 米
机身高度	3.28 米
翼展	11.62 米
机组成员	2 人
空重	2620 千克
最大起飞重量	4300 千克
最大航程	1240 千米
最大速度	812 千米 / 时
最大升限	12000 米

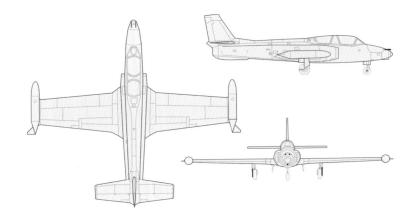

印度 HJT-16 "光线" (Kiran) 教练机

　　HJT-16 "光线"是印度斯坦航空公司研制的亚音速教练机，1964 年首次试飞，1968 年开始服役。HJT-16 采用并列式座舱，教员席在左边，所以有些供教员使用的控制仪表在左边。该机的动力装置为 1 台劳斯莱斯"蝮蛇"涡轮喷气发动机，推力为 11.12 千牛。数十年来，HJT-16 是印度空军飞行训练部队的主力，累计飞行达 75 万小时。由于服役时间较长，HJT-16 教练机已日渐老化，印度空军正在寻求替代机型。

基本参数	
机身长度	10.6 米
机身高度	3.64 米
翼展	10.7 米
机组成员	2 人
空重	2560 千克
最大起飞重量	4235 千克
最大航程	1400 千米
最大速度	695 千米 / 时
最大升限	9150 米

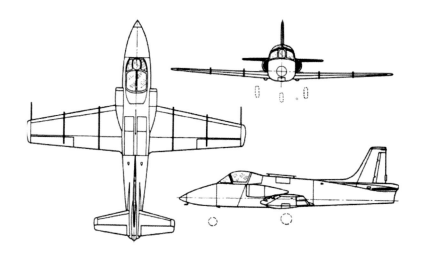

日本 C-1 运输机

C-1 是日本川崎重工业公司研制的双发中型战术运输机，用于取代日本航空自卫队的 C-46 运输机。

C-1 运输机是非常独特的中型战术运输机，世界上并没有同类产品。C-1 最大的特征是短距离着陆性能，在 1200 米的跑道上就可以进行起落。货物的搭载量为 6 ~ 10 吨。从整体来看，C-1 就好像是美国空军 C-141 大型运输机的缩小版。C-1 运输机存在很大的制约性，主要是续航能力短。

基本参数	
机身长度	29 米
机身高度	9.99 米
翼展	30.6 米
机组成员	2 人
空重	23320 千克
最大起飞重量	45000 千克
最大航程	5400 千米
最大速度	806 千米 / 时
正常载重航程	1300 千米

法国"大西洋"（Atalantic）反潜机

　　法国海军的"大西洋"(Atalantic)是法国达索飞机制造公司研制的远程海上巡逻反潜机，主要用于反潜、反舰、侦察、预警、救援、运输等。目前，北约和法国的"大西洋"ATL2 反潜机是在早期"大西洋"ATL1 反潜机基础上发展而来的。

　　机上装有 ABG/Sema 公司的空调系统，由传动机匣驱动的 2 台压气机供气。机头下面是前视红外传感器。武器舱前是汤姆逊 –CSF 公司的 Iguane 可收放雷达。该机巡航速度快，低空巡逻时间长，低空机动性好，能适应各种气候条件。

基本参数	
机身长度	33.63 米
机身高度	10.89 米
翼展	37.42 米
机组成员	12 人
空重	25700 千克
最大起飞重量	46200 千克
转场航程	9075 千米
最大速度	649 千米 / 时
实用升限	9145 米

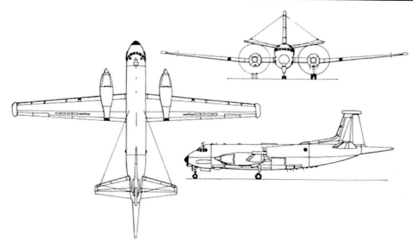

参考文献

[1] 陈艳. 战斗机——青少年必知的武器系列 [M]. 北京：北京工业大学出版社，2013.
[2] [英] 杰克逊. 当代主力战机发展史 [M]. 北京：军事谊文出版社，2011.
[3] [英] 克里斯·查恩特. 轰炸机 [M]. 北京：国际文化出版公司，2003.
[4] 田力. 最好看的军事百科——战机 [M]. 北京：现代出版社，2013.
[5] 李大光. 世界著名战机战斗机攻击机 [M]. 西安：陕西人民出版社，2011.